FACULTÉ DE DROIT DE PARIS

DROIT ROMAIN

DU VOL ENTRE ÉPOUX

DROIT CRIMINEL

DES

DÉLITS CONTRAVENTIONNELS

THÈSE POUR LE DOCTORAT

L'ACTE PUBLIC SUR LES MATIÈRES CI-DESSUS

Sera soutenu le mercredi 22 mars 1893, à 1 heure

PAR

Fernand DEVISE

Avocat à la Cour d'appel.

Président : M. LÉVEILLÉ, *professeur*.

Suffragants : MM. CAUWÈS, *professeur*.
PLANIOL, *professeur*
GIRARD, *agrégé*.

PARIS

A. GIARD & E. BRIÈRE

LIBRAIRES-ÉDITEURS

16, Rue Soufflot, 16

1893

THÈSE

POUR

LE DOCTORAT

La Faculté n'entend donner aucune approbation n improbation aux opinions émises dans les thèses ; ces opinions doivent être considérées comme propres à leurs auteurs.

FACULTÉ DE DROIT DE PARIS

DROIT ROMAIN

DU VOL ENTRE ÉPOUX

DROIT CRIMINEL

DES

DÉLITS CONTRAVENTIONNELS

THÈSE POUR LE DOCTORAT

L'ACTE PUBLIC SUR LES MATIÈRES CI-DESSUS

Sera soutenu le mercredi 22 mars 1893, à 1 heure

PAR

Fernand DEVISE
Avocat à la Cour d'appel.

Président : M. LÉVEILLÉ, *professeur*.
Suffragants : MM. CAUWÈS, *professeur*.
PLANIOL, *professeur*
GIRARD, *agrégé*.

PARIS
A. GIARD & E. BRIÈRE
LIBRAIRES-ÉDITEURS
16, Rue Soufflot, 16
1893

PRINCIPAUX TEXTES A CONSULTER.

Inst. de Justinien. L. IV, t. I. *De obligationibus quæ ex delicto nascuntur.*

Au Digeste :

Livre XLVII, t. II. *De furtis.*

L. I, t. XV. *De officio præfecti vigilum.*

L. I, t. XII. *De officio præfecti urbis.*

L. L, t. XVII. *De regulis juris antiqui.*

L. XLVII, t. I. *De privatis delictis.*

L. L, t. XVI. *De verborum significatione.*

L. XLIV, t. VII. *De obligationibus et actionibus.*

L. XLVIII, t. XIX. *De pœnis.*

L. XXV, t. II. *De actione rerum amotarum.*

L. IX, t. II. *Ad legem Aquiliam.*

L. XLII, t. I. *De re judicata.*

L. XIII, t. I. *De condictione furtiva.*

Au Code :

L. V, t. XXI. *Rerum amotarum.*

PRINCIPAUX TEXTES A CONSULTER :

Inst. de Justinien, l. IV, t. I. *De obligationibus quæ ex delicto nascuntur,*

Au Digeste ;

Livre XLVII, t. II. *De furtis.*

L. I, t. XV. *De officio præfecti vigilum.*

L. I, t. XII. *De officio præfecti urbis.*

L. L, t. XVII. *De regulis juris antiqui.*

L. XLVII, t. I. *De privatis delictis.*

L. L, t. XVI. *De verborum significatione.*

L. XLIV, t. VII. *De obligationibus et actionibus.*

L. XLVIII, t. XIX. *De pœnis.*

L. XXV, t. II. *De actione rerum amotarum.*

L. IX, t. II. *Ad legem Aquiliam.*

L. XLII, t. I. *De re judicata.*

L. XIII, t. I. *De condictione furtiva.*

Au Code :

L. V, t. XXI. *Rerum amotarum.*

INTRODUCTION

C'est une règle de presque toutes les législations pénales modernes que le vol commis entre certaines personnes unies par des liens de parenté ou d'alliance ne peut être poursuivi au criminel. Le législateur français a écrit cette règle dans l'art. 380 du Code pénal qui peut se résumer ainsi : les soustractions commises entre époux, entre parents en ligne directe et alliés au même degré « ne pourront donner lieu qu'à des réparations civiles (1), et cette exemption, que le législateur ne formule que pour le cas de vol, la doctrine et la jurisprudence l'étendent à l'escroquerie (2), à l'abus de confiance, (3) au délit d'extorsion de signature (4), aux dégradations et destructions d'édifices méchamment commises (5).

1. Cette règle était déjà appliquée sous l'empire du Code pénal de 1790, malgré le silence de ce Code sur la question (V. Cass., 6 pluviôse an X. Dalloz, J. G., vol 156).
2. Toulouse, 9 avril 1851. S, 51, 2, 348.
3. Cassation, 28 avril 1866. *Sic.* Chauveau et Hélie t. 5, p. 70.
4. Cassation, 8 février 1840. S, 40, 1, 651.
5. Cassation, 8 pluviôse an XIII.

La même règle se retrouve dans presque toutes les législations étrangères et dans les législations récentes qui sont cependant, dans certains détails de la procédure, moins libérales, moins indulgentes même que la législation française.

Le Code pénal de l'Empire d'Allemagne, modifié par la loi du 26 février 1876, dit exactement : « Ne sera pas poursuivi le vol ou le détournement commis par les parents de la ligne descendante envers les parents de la ligne ascendante ou bien entre époux » (6).

Le Code pénal hongrois de 1878 admet l'exception (7) avec des tempéraments.

Le Code pénal des Pays-Bas de 1881 ne permet pas non plus la poursuite si l'auteur du vol « est le conjoint non séparé de corps ou de biens de celui au préjudice duquel le vol est commis » (8).

Le Code pénal italien de 1889 dit (9) qu'il n'est pas procédé contre celui qui a commis le fait (vol, escroquerie, dégradations....) au préjudice de son conjoint non légalement séparé, d'un parent ou allié en ligne ascendante ou descendante, d'un frère ou d'une sœur qui vivent avec lui en famille. »

6. Art. 247, *Annuaire de législation étrangère*, année 1877.

7. Art. 342, *Codes étrangers*, Imprimerie nationale.

8. Art. 316, traduction de Willem Joan Wintgens, Imprimerie nationale.

9. Art. 433.

On trouve une règle analogue dans le Code pénal belge (10), dans les Codes criminels des cantons suisses et notamment dans le Code pénal du Tessin (11), dans celui de Zurich (12), et dans ceux de Genève (13), de Neuembourg (14) et de Fribourg (15) qui reproduisent presque textuellement l'art. 380 du Code pénal français.

Ainsi on peut dire, après ce léger examen de législation comparée, que sauf des différences de procédure et avec plus ou moins d'étendue relativement aux personnes privilégiées, le droit pénal commun moderne exempte de toutes poursuites criminelles certains délits entre parents ou alliés.

Cette exemption est inspirée partout par le respect dû au mariage et à la famille. Les législations modernes ont subi dans cette matière comme dans tant d'autres l'influence d'un droit ancien. Ils l'ont modifié, il l'ont mis en harmonie avec les mœurs nouvelles, mais il n'en est pas moins certain que c'est du droit romain que vient cette règle et que c'est à lui qu'il faut se reporter pour la bien comprendre.

10. Art. 462, 492, 504.

11. Art. 367, *Code pénal du Tessin*, publié par Stross. Bâle et Genéve 1890.

12. Art. 177, 187.

13. Art. 317.

14. Art. 206.

15. Art. 244.

Il est d'ailleurs inutile d'étudier la règle romaine dans toute son étendue et d'en analyser tous les cas d'application. Il suffira d'étudier un seul délit, le plus important, le délit de vol, commis entre personnes que la loi protège contre une action criminelle, les époux.

Cette étude peut se diviser en quatre chapitres.

Chapitre I. — Notions générales sur le *furtum* ; les actions qui en dérivent et notamment l'*actio furti*.

Chapitre II. — Pourquoi l'exercice de l'action *furti* n'est pas possible entre époux.

Chapitre III. — De la poursuite du vol entre époux.

Section I. — Étude des moyens de réparation du vol et notamment de l'*actio rerum amotarum* et de la *retentio ob res amotas*.

Section II. — Des cas où les autres actions réipersécutoires et l'action *furti* elle même peuvent être intentées.

Chapitre IV. — De la complicité du vol commis entre époux.

CHAPITRE Ier

DU FURTUM ET DES ACTIONS QUI EN NAISSENT.

SECTION I. — Notions générales sur le furtum.

Le mot *furtum*, qui de tout temps a eu à Rome un sens plus étendu que le mot « vol » dans la législation française, n'a cependant pas toujours eu la même signification juridique à toutes les époques du Droit Romain. Il semble en effet probable, c'était l'opinion des Sabiniens, que la législation primitive admettait la possibilité du *furtum* d'immeubles. Jusqu'aux guerres civiles, pendant lesquelles M. Lucullus introduisit l'*actio vi bonorum raptorum*, les personnes dépouillées avec violence pouvaient intenter l'action de vol. De bonne heure, dès l'époque classique, le *furtum* ne put s'exercer que sur des choses mobilières. *Abolita est quorumdam veterum sententia existimentium etiam fundi locive fieri*, disent Gaïus et Justinien.

La distinction du *furtum manifestum* et du *furtum nec manifestum* a été au contraire toujours admise depuis la loi des XII Tables. La peine seule de ces deux variétés du vol a changé. Dans le droit des XII Tables, la peine du *furtum manifestum* peut être la peine capitale ; sous Justinien les peines se sont notablement adoucies.

La notion du *furtum* est définitivement fixée à l'époque classique, et Justinien n'aura dans ses Institutes et au Digeste qu'à recopier la définition célèbre qu'en donnaient autrefois Paul et Gaïus. *Furtum est contrectatio fraudulosa vel ipsius rei, vel etiam usus ejus, posssesionisve, quod lege naturali prohibitum est admittere* (Inst. IV, 1,1) Paul avait défini le voleur *qui dolo malo rem alienam contrectat.*

Ce n'est pas ici le lieu d'analyser les divers termes de ces définitions ni de rechercher très exactement le sens difficile du mot *contrectatio*. Il est certain, et c'est ce qui est intéressant à retenir pour cette étude, que, tant par l'originalité du *furtum usus* que par le sens large du mot *contrectatio*, le *furtum* romain était plus compréhensif que notre délit de vol tel que le définit ou plutôt le suppose l'art. 379 du code pénal. On a dit que le *furtum* romain, comprenait l' « abus de confiance » (art. 408, C. p.) qui n'est autre chose que le *furtum usus*, c'est-à-dire le détournement par un mandataire, dépositaire, etc., de la chose confiée ; cela est incontestable ; il comprend aussi le délit de « filouterie d'aliments » (401 C. p.). Peut-être ne serait-il pas impossible d'admettre qu'il comprenait aussi l'escroquerie (405 C. p.).

SECTION II. — Des actions qui naissent du vol et spécialement de l'actio furti.

La personne lésée par un vol peut agir ou *civiliter* ou *criminaliter* (L. 92. D. *De furtis*, 47, 2). Si elle agit *civiliter* elle peut exercer deux moyens d'action à son choix, la *condictio furtiva* ou la *reivindicatio* d'une part, l'*actio furti* d'autre part. Par les deux premières on poursuit la restitution de la chose volée, la réparation du dommage causé, la troisième tend à faire prononcer contre le coupable une peine. Cette action *furti* pénale peut se cumuler avec une des deux actions de la première catégorie, car elles ont un objet distinct.

La victime du vol peut agir *criminaliter*; mais elle ne pourra plus cumuler son action criminelle avec l'action civile (L. 56, 1. D. *De furtis*, 47, 2). Son action est alors portée non plus devant le *judex*, mais *extra ordinem* devant le magistrat lui-même, à Rome le Préfet de la ville ou le Préfet des Vigiles, suivant la gravité du délit (L. 3, 1. *De off. præf. Vigil.* L. I, t. XV); en Province devant le Gouverneur de la Province (L. 13, pr. *De off. præ.* l. XVIII). Par cette action le demandeur rentrera en possession de la chose volée et fera ordonner contre le coupable un châtiment corporel, la fustigation, l'amputation ou la mort pour le vol manifeste ; dans le droit ancien la fustigation (sauf pour les citoyens romains depuis la loi Porcia) et l'exil sous Justinien. Dans l'ancien droit l'esclavage était quelquefois le prix du vol manifeste, depuis laloi *Petilia Papinia* il n'est plus permis de donner un citoyen romain en addiction.

Ainsi disparurent peu à peu les peines corporelles du vol manifeste. Le préteur établit la peine pécuniaire du quadruple ou du double suivant les cas. Les seules sanctions du vol furent dès lors des actions civiles intentées et suivies *ex ordine juris*.

Il y eut donc très certainement sous la République un long espace de temps pendant lequel les voleurs ne furent passibles que d'une réparation pécuniaire et non d'un châtiment corporel. On s'aperçut bientôt que les peines pécuniaires étaient insuffisantes pour atteindre des voleurs qui n'ont en général aucune fortune à préserver. *Fures plerumque sunt pauperes*, dit finement un auteur. On dut donc recommencer à poursuivre criminellement par une procédure extraordinaire certains vols graves analogues à ceux que la pratique qualifie aujourd'hui de « vols qualifiés » ; puis, par une application de plus en plus sévère du principe, on étendit les peines corporelles aux vols simples. Trouvant même la peine de l'exil trop douce un commentateur s'écrie : *Egregia severitas ! quid vero gratius furibus exsilio ? Omnia sua secum portant et non minus in exsilio furari possunt quam domi.* Et ainsi dans le dernier état du droit le vol donne naissance à une action civile ou à une action criminelle ; le demandeur a, en thèse générale, le choix entre l'action criminelle et l'action civile, sans pouvoir les cumuler. (L. 3. D. *De priv. del.* 47, 1. L. 56, 1. D. *De furtis*, 47, 2.)

Ce qui intéresse avant tout, c'est l'étude des actions civiles.

Il y en a d'abord une que l'on pourrait appeler civile-pénale, si ces deux mots, avec le sens qu'ils ont dans notre droit, pouvaient s'accorder. C'est l'*actio furti* ; elle tient de l'action pénale en ce qu'elle frappe le voleur au delà de son enrichissement, puisqu'elle est au double ou au quadruple ; elle tient de la réparation civile, car cette espèce d'amende profite à la victime en l'indemnisant.

A côté de cette action *furti* se trouve une classe d'actions qui ont pour but exclusif la réparation civile du délit. Ce sont d'une part, la *reivindicatio* et l'action *ad exhibendum*, d'autre part la *condictio furtiva*. L'*actio furti* peut se combiner avec une des trois actions de cette seconde classe, car elle ne poursuit pas le même but.

Il importe dès maintenant, et pour bien saisir l'importance du privilège que la loi romaine accordait aux époux au point de vue du vol, de tracer quelques notions précises de l'*actio furti*.

§ 1. *A qui appartient l'*actio furti

On peut répondre à cette question par une règle générale : l'*actio furti* est donnée à tous ceux qui avaient intérêt à ce que la chose ne fût pas volée. « *Cujus interfuit non subripi, in actionem furti habet.* » (L. 10, D. *De furtis*, 47, 2), (L. 1, 1, D. *De privat delict.* 47, 1).

En première ligne se trouve le propriétaire ; mais les autres interéssés peuvent agir. C'est ainsi qu'au cas de vol d'un esclave ou d'un animal sur lequel a été concédé un droit d'usufruit, le propriétaire et l'usufruitier ont concurremment *l'actio furti*, puisque le vol leur a causé à chacun un préjudice. Il en est de même pour l'usager (L. 46, p. 1, 3, D. 47, 2 *De furtis*). Le possesseur de bonne foi a, lui aussi, l'exercice de cette action, car le vol a pour effet d'empêcher l'usucapion commencée (L. 74, *De furtis* D. 47, 2).

Cependant, il importe de noter une différence considérable au point de vue de l'exercice de l'*actio furti* entre l'intéressé qui n'est pas propriétaire et le propriétaire lui-même. Ce dernier peut avoir l'action de vol, sans qu'il ait intérêt au recouvrement de la chose, et par cela seul qu'il est propriétaire. Cette hypothèse se présentera rarement, il y a cependant des exemples. La loi 80, p. 1. D. *De furtis*, 47, 2, accorde l'action à l'héritier propriétaire intérimaire d'un *statuliber* ou d'une chose léguée par le testateur à un tiers ; et cela non pas à cause de l'intérêt qu'il avait à la conserver, mais à cause de sa qualité de propriétaire.

De même, le créancier gagiste a toujours l'action de vol, car il a intérêt à reprendre l'objet qu'il avait exigé comme garantie. Et il a cette action alors même que le débiteur est solvable. La loi 25. D. *de regul. juris*, L. 50, t. 17 dit en effet avec un grand sens pratique « *plus cautionis a re, quam in persona.* »

L'*actio furti* permet aussi à certaines personnes non propriétaires de se couvrir par avance contre une action en réparation possible. Les Institutes le prévoient (L.IV,t. 1. p. 15). Elles citent l'exemple du dégraisseur et du tailleur à qui un voleur a soustrait le vêtement qu'on leur avait confié, du possesseur de bonne foi dépossédé par un vol. Ces personnes n'ont qu'un moyen de se garantir contre l'action en dommages-intérêts qu'exercera contre elles le propriétaire ainsi dépouillé, c'est justement d'exercer elle-mêmes l'*actio furti.*

Quant au commodataire, il pouvait lui-même, sous l'ancien droit (Institutes, L. IV, t. 1, p. 16) exercer l'*actio furti*, mais Justinien (Inst. eod. p. 16. L. 22 Code *De furtis*, t. 6, l. 2) décide qu'il ne l'aura pas dans tous les cas ; il donne au commodant le droit d'intenter l'*actio commodati* contre son commodataire auquel cas celui-ci aura son recours contre le voleur par l'*actio furti*. Il a le choix entre les deux moyens.

On peut doncdire en règle générale, que l'*actio furti* compète à tous ceux qui avaient intérêt à ce que la chose ne fût pas volée. Il faut ajouter : à la condition que cet intérêt soit honnête. L'action sera refusée à ces personnes si le vol a été commis avec leur complicité ; elle est pour la même raison refusée au voleur et au possesseur de mauvaise foi s'ils sont dépouillés à leur tour. (L. 11, 12, § 1 ; 14 § 3, 4 ; 16 § 1. D. *De furtis*).

Il faut cependant apporter une restriction à la règle que l'intérêt est la cause de l'*actio furti*. Il faut en outre que ces personnes, qui ont intérêt à recouvrer la chose, tiennent cette chose *voluntate domini* (L. 85. D. *De furtis*) et dès lors il faut exclure le *negotium gestor*, le tuteur, le curateur qui, quoique comptables de la chose, ne la tenaient pas d'un mandat du propriétaire. A plus forte raison, doit-on refuser l'*actio furti* à ceux qui n'ont sur la chose ni droit de rétention ni possession, mais simplement un droit de créance en vertu d'une stipulation ou d'un legs (L. 85. D. *De furtis*).

Il faut ajouter enfin. pour être complet, que l'*actio furti* passe aux héritiers de ceux qui avaient le droit de l'exercer (L. 1. §, 47, 1, D. *De privat. delict.*).

§ 2. *Effets de l'*actio furti.

Le *furtum manifestum* donne lieu à une action *in quadruplum*, le *furtum nec manifestum* à une action *in duplum* seulement.

Qu'est-ce à dire ? Cela signifie que le voleur sera condamné à payer au poursuivant une somme quadruple ou double d'une autre somme prise pour unité et qui est le *simplum*.

Qu'est-ce que ce *simplum* ? Il varie suivant la nature du vol et suivant la qualité ou le titre du demandeur. S'il s'agit par exemple du vol ordinaire, le *furtum rei*, il faut distinguer si c'est un non propriétaire qui agit, ou si c'est le propriétaire lui-même.

Le demandeur est un non propriétaire. Son action est basée sur l'intérêt qu'il avait à ce que la chose ne lui fût pas volée ; c'est l'évaluation de cet intérêt qui sera le *simplum* ; son intérêt est indépendant de la valeur de la chose ; on ne doit considérer que l'utilité dont le vol l'a privé.

Si c'est en effet un créancier gagiste dépouillé par un voleur d'un gage d'une valeur supérieure à la somme garantie, le créancier exerçant l'*actio furti* obtiendra du voleur le double ou le quadruple de la somme dont il est créancier.

Si c'est, au contraire, le propriétaire qui agit, le *simplum* sera déterminé par la valeur de la chose, *verum rei pretium*. Mais l'intérêt peut dépasser cette valeur, la loi 67, 1. D. *De furtis*, en donne un exemple : elle suppose un propriétaire encourant une clause pénale parce qu'il n'a pu livrer la chose qu'on vient de lui voler ; elle décide que le montant de la clause pénale sera estimé dans la condamnation : *furti actione hoc quoque coœxtimatur.* (Voir également L. 27, pour le cas d'un vol de tablettes portant quittance ou reconnaissance d'une dette). Dans le cas ordinaire l'estimation est faite suivant la plus haute valeur que la chose a acquise depuis que le vol a été commis (L. 50).

L'action *furti* se distingue très nettement des autres actions nées du vol en ce qu'elle entraîne l'infamie ; *Ex quibusdam judicis damnati ignominiosi fiunt, veluti furti, vi bonorum raptorum, etc.* (Inst. L. IV, 8. 16, § 2). L'infamie est encourue non seulement par le voleur condamné, c'est-à-dire par celui dont l'acte coupable est souverainement constaté par un jugement, mais encore et cela est bien dangereux, par celui qui transige à prix d'argent avant toute condamnation. La transaction n'efface pas le délit, elle en est regardée comme l'aveu : *non solum damnati notantur ignominia sed et pacti* (Inst. L. IV, t. XVI, § 2 *De pœna temere litigantium*) (1). Et le magis-

1. *Sic.* t. 4, § 5. D. *De his qui notantur infamia,* III, 2.

trat, tant le principe est absolu, ne saurait le décharger de l'infamie : *non potent Præses Provinciæ efficere, ut furti damnatum non sequatur infamia* (L. 63, *De furtis*).

L'infamie est un des effets importants de l'*actio furti* ; c'est pour éviter cette infamie que la loi romaine s'oppose à l'exercice de l'action entre époux.

§ III. *Contre qui est donnée l'actio furti.*

Nous pouvons dire, en règle générale : elle est donnée contre le voleur et ses complices.

Le mot complice s'entend ici dans le sens large du C. p., il comprend le recéleur de la chose volée (1) contre lesquels la loi des XII Tables donnait l'action *concepti* au triple et l'action *oblati* et le préteur l'action *prohibiti* et l'action *furti non exhibiti*. Il comprend aussi les recéleurs du délinquant (2). La loi 48, § 1 *De furtis* dit : *qui furem celat, hoc ipso tenetur*. Le recel du voleur était même considéré comme plus grave que le vol. *Pessimum genus est receptatorum sine quibus nemo latere diu potest* (L. 1, *De recept.* 47, 16). Ce recel encourage le voleur par l'espérance de l'impunité.

En dehors des recéleurs, l'*actio furti* atteint les vérita-

1. Art. 59 et s. C. p.
2. Art. 237 et s. C. p.

bles complices (1), c'est-à-dire ceux qui, pour employer l'expression du C. p., ont favorisé le délit « par aide ou assistance. » Les textes emploient pour exprimer la complicité les mots *ope, consilio*. Ces deux termes ont un sens distinct et expriment chacun un genre de complicité. On se rend complice *ope* en prêtant au délinquant un concours effectif, matériel ; le complice *ope* sera très souvent ce que la pratique moderne appelle un co-auteur.

On se rend complice *consilio* en prêtant au délinquant un concours moral, en exerçant sur lui une pression, en le poussant au délit par des « dons ou promesses » (L. 50, § 3 *De furtis*).

Il est vrai que, tirant argument d'un texte des Institutes, livre IV, t. 1, p. 11, qui assemble les deux mots *ope consilio,* certains auteurs ont exigé la réunion du concours moral et du concours matériel ; mais l'opinion contraire, qui paraît plus juste, s'appuie sur plusieurs autres textes. (Paul Sent. 20, 31, 10. L. 50, 2 D. *De furtis*. L. 33, § 2 *De verb. significat*. L. 50, t. XVI. 16. L. 66, 4 *de furtis*) qui ne permettent pas de douter de la coexistence de ces deux cas distincts de complicité.

1. Le recel ne devrait pas être un cas de complicité, puisqu'il estp ostérieur au délit. Aussi plusieurs criminalistes, et M. Le veillé notamment, ont-il demandé qu'on fasse du recel un délit spécial *sui generis*.

Pour qu'il soit passible de *l'actio furti*, le complice doit avoir eu, comme le voleur, l'intention frauduleuse ; l'individu qui, sans le vouloir, a facilité la tâche des voleurs n'est point tenu de l'action de vol. Pour la même raison, les fous et les impubères *infantes* ou *infantiæ proximi* ne peuvent être tenus de *l'actio furti* parce qu'ils sont présumés incapables d'avoir une intention criminelle.

L'actio furti est donnée *in solidum* contre chacun des voleurs ou des complices (L. 1 C. *De cond. furtiva* L. 4. t. 8). Cependant la peine n'est pas la même pour tous. Alors que l'auteur principal est tenu *in duplum* ou *in quadruplum*, le complice n'est jamais tenu *qu'in simplum* (L. 34 *De furtis*.)

L'actio furti passe aux héritiers de celui qui meurt avant de l'avoir intentée, mais elle ne se donne pas contre les héritiers du voleur ou du complice. (L. 1 *De priv. delict*. L. 47, t. 1.), c'est que l'action *furti* est une action pénale, et dans une législation qui s'inspire du grand principe de Justice, toute peine doit être personnelle.

Il y a cependant deux cas où les héritiers du délinquant sont tenus de *l'actio furti*; d'abord le cas où le voleur poursuivi meurt après la *litis contestatio*, la *litis contestatio* produisant novation, (L. 164 *De reg. juris*. L. 50. t. 17) et le cas où de son vivant le délinquant a convenu avec la personne lésée que ses héritiers pourraient être poursuivis : *quàsi lite contestata cum mortuo*, dit le texte (L. 33. D. *De obligat. et act.* 44, 7.) Cette espèce de pacte était parfaitement valable *nam et de furto pascisci lex permittit* (L. 7, § 14 *in fine*. D. *De pactis* 2, 14).

Il y a, et c'est le moment de les examiner, des cas où pour des raisons particulières, l'*actio furti*, seule action pénale, ne peut pas être donnée contre le délinquant.

SECTION III. — Des cas où l'actio furti ne peut être exercée.

L'*actio furti* n'est jamais donnée contre l'esclave. S'il a commis un vol, c'est son maître qui sera poursuivi, non par l'*actio furti*, mais par l'action noxale. Le maître pourra se libérer de son obligation par l'abandon noxal de l'esclave ou des esclaves qui ont volé. A l'époque où le père pouvait faire l'abandon noxal de son fils, le fils de famille ne pouvait pas davantage être poursuivi par l'action *furti*.

En dehors de ces hypothèses où l'*actio furti* est rendue impossible par la constitution même de la famille romaine, il y a d'autres cas où pour des raisons de morale ou de convenances, l'*actio furti* est également refusée.

Ces hypothèses peuvent être rangées dans trois catégories : c'est d'abord le cas où une personne *alieni juris* a commis un *furtum* au préjudice de son *paterfamilias*.

C'est un fils de famille qui a commis un vol au préjudice de son père, ou c'est encore un esclave qui a volé son maître. Dans ces cas, il faut dire avec les Institutes L. IV, t. 1, p. 12 : il y a eu *furtum,* et cependant l'*actio furti* ne prendra pas naissance. La loi 16 *De furtis* au Digeste en donne la raison : c'est la nature des choses, *natura rei impedimento,* qui s'oppose à ce qu'un père puisse agir contre son fils en puissance : nous ne pouvons pas plus contre ceux qui sont en notre puissance que contre nous-même.

Et il ne faut pas dire que le lien de parenté ou la situation des deux intéressés s'oppose seulement à l'exercice de cette action, il faut dire que cette action n'est pas née. La preuve en est que si après le vol, le fils de famille ou l'esclave sort de la famille, il ne sera pas davantage tenu de l'action (L. 1. 1 D. *De furtis*).

Il y a, d'après Ulpien, une hypothèse où le père a contre son fils une action utile de vol, c'est dans le cas où le fils a un pécule castrense ; c'est du moins l'opinion que croit pouvoir soutenir Ulpien (L. 52, § 4 et 5 *De furtis*). Cependant le père de famille qui a ainsi le voleur sous sa puissance peut, en vertu de son *auctoritas,* lui infliger une peine. *Potest in furem statuere* dit Ulpien, et c'est parce qu'il a ce pouvoir de discipline domestique qu'il paraît lui refuser l'*actio furti* (L. 17 pr. D. *De furtis*).

De plus, le *furtum* commis par l'esclave au préjudice

de son maître produit un effet assez curieux ; l'esclave voleur est par son délit entaché d'un vice qui doit être déclaré en cas de vente, sous peine des actions rédhibitoires établies par les édiles. (L. 31, 1. D. *De æd. ed.* 21, 1.).

Si on suppose maintenant un vol commis par le père au préjudice de son fils qui a un pécule, suivant un texte d'Ulpien (L. 52, 6. D. *De furtis*), le père pouvait être poursuivi par son fils par l'action *furti*; cela ne peut se comprendre évidemment que du cas où le fils a été depuis émancipé. S'il est toujours en puissance, il ne pourra certainement pas intenter contre son *paterfamilias* l'action de vol qui est infamante ; il ne pourra qu'exercer une action *in factum* au double ou au quadruple.

Le second cas dans lequel l'*actio furti* n'est pas donnée est celui d'un *furtum domesticum* (1), c'est-à-dire d'un vol commis soit par un client ou un affranchi au préjudice de son patron, soit par un mercenaire au préjudice de celui à qui il a loué ses services. *Si libertus patrono, vel cliens, vel mercenarius ei qui eum conduxit, furtum fecerit, furti actio non nascitur* (L. 89 D. *De furtis*). Cependant, si l'on en croit un texte de Marcien, (L. 11, 1. D. *De pœnis* 48, 19) le voleur, dans ce cas, n'échappe à l'action que

1. Cette expression est employée dans la loi 3, § 1. D. *De pœnis* 48, 19.

s'il habite la maison du patron ou du maître qu'il a volé.

Dans le cas, très fréquent à Rome, où c'est le patron qui a volé son affranchi, son client ou son mercenaire, l'*actio furti* ne naît pas contre lui (L. 89), car l'action de vol étant infamante on ne pourrait l'intenter contre le parent ou contre le patron sans manquer aux devoirs, *debitus honos*, qu'on leur doit (L. 5 *De obseq. parent*). Mais il est bien probable que l'on accordait au volé une action *in factum*.

Enfin il existe une troisième classe de personnes qui ne peuvent pas non plus se poursuivre entre elles par l'action de vol, ce sont les conjoints. Entre mari et femme, pas plus qu'entre père et fils, entre patron et affranchi, il n'y a d'action *furti*.

L'objet de cette étude est justement de connaître par quels moyens, puisque l'*actio furti* est impossible, un époux peut se faire indemniser du vol commis à son préjudice par son conjoint.

CHAPITRE II

ÉTENDUE DE L'EXCEPTION ENTRE ÉPOUX

On peut dire, en règle générale, que l'époux qui a volé son conjoint ne peut pas être poursuivi par lui par l'action *furti*. Il peut y avoir deux raisons à cette règle. D'abord c'est peut-être parce que, à cause de la situation des biens ou de la constitution du mariage, le *furtum* ne peut se concevoir entre époux. Ce peut être encore parce que, le *furtum* étant d'ailleurs possible, le législateur n'a pas permis la naissance et l'exercice d'une action dont les conséquences auraient pour effet d'apporter dans l'institution du mariage un trouble dangereux.

Quelle est celle de ces deux raisons qui a fait proscrire l'action *furti* ?

Et d'abord est-ce qu'il n'y a pas *furtum* entre époux ?

Il est nécessaire de faire au début une remarque générale qui doit dominer toute cette discussion. Quand on parle de vol entre mari et femme on suppose forcément une femme qui n'est pas *in manu mariti*. La femme *in manu* ne peut rien posséder, elle n'a rien à elle, elle est vis-à-vis de son mari *loco filiæfamilias*.

La femme non *in manu* dérobant un objet qui appartient à son mari, commet-elle un *furtum* ?

La question était controversée dans le droit ancien. Il y a au Digeste un texte qui est comme l'écho de cette discussion. C'est un fragment de Paul (L. 1, D. *De act. rer. amot.*, 25, 2). Nerva et Cassius, avaient pensé qu'il ne pouvait y avoir entre époux un véritable vol et ils en donnaient pour raison la communauté de vie, qui rendait en quelque sorte la femme co-propriétaire des biens de son mari. « *Quia societas vitæ quodammodo dominam eam faceret* » Paul ajoute que Sabinus et Proculus étaient d'un avis contraire. Ces deux jurisconsultes, rarement d'accord, pensaient tous les deux que la femme commettait un véritable *furtum*. Seulement, ajoutent-ils, notre droit ne permet pas l'exercice de l'*actio furti* dans ce cas. Et Paul déclare que c'est aussi son opinion et celle de Julien.

A l'époque classique d'ailleurs, il n'y a plus aucun doute ; l'époux commet un *furtum* avec toutes ses conscquences, sauf une. Il est vrai que c'est la plus importante ; c'est l'*actio furti*. Il y en a pour preuves plusieurs textes. La loi 21, p. 5, D. *De act. rer. amot.* 25, 2 dit que l'*actio rerum amotarum* substituée dans cette hypothèse à l'*actio furti* naît d'un délit. Ce délit ne peut être évidemment qu'un *furtum*. Le par. 6 de la même loi le dit expressément, l'époux coupable ne pourra pas opposer à son conjoint le bénéfice de compétence, car l'action exercée *pendet ex furto*. De même la loi 28 *eod. tit.* prévoyant le cas où la femme a volé une chose appartenant à son mari dans les mains de celui a qui il l'avait prêtée dit que cet emprunteur aura contre elle l'*actio furti* que le mari n'aurait pu exercer lui-même.

Veut-on d'autres preuves ? On sait que les choses volées ne peuvent jamais être usucapées par les tiers de bonne foi (Inst., L. 11, t. VI. p. 3) ; or la loi 29 *eod. tit.* dit justement que les choses détournées par la femme ne pourront être usucapées. Pourquoi, sinon que ce sont des choses furtives ?

Sans doute la loi 21, 1, *eod. tit.* dit *cum mulier furtum non faciet*, mais il n'est pas douteux que Paul, dont on connaît l'opinion dans cette controverse veut, simplement dire ici que la femme ne commet pas un *furtum* ordinaire entraînant toutes ses conséquences.

De plus, si la femme échappe à l'*actio furti*, les personnes qui lui ont prêté aide et assistance y sont soumises. Et comment comprendre le complice d'un *furtum* qui n'existerait pas ?

On peut donc dire avec certitiude, qu'à l'époque classique, la femme dérobant un objet à son mari commettait un *furtum*, ce *furtum* n'ayant d'ailleurs pas la même sanction que le *furtum* ordinaire. C'est la doctrine que résume la loi 39 *eod. tit.* : *Nam veritate furtum fit etsi lenius coercetur mulier.*

Pourquoi donc la femme,ou en généralisant, pourquoi l'époux coupable est-il poursuivi *lenius* ? Qu'est-ce qui justifie à son égard cet adoucissement de la repression ? Les textes le disent c'est (Loi 2 *eod. tit.*)par honneur pour le mariage. On ne veut pas qu'un époux puisse poursuivre son conjoint par une action pénale. Il répugne à l'idée du législateur qu'un mari puisse intenter contre sa femme une action infamante et même une action ayant quelque caractère pénal (1), et s'il se trouve un mari assez peu soucieux de son honneur pour ne pas reculer devant une action de ce genre, il ne veut pas s'en faire le complice. Les époux se doivent des égards, la loi le rappelle à ceux qui seraient tentés de l'oublier : l'*actio furti* leur sera refusée *propter reverentiam personarum* (L. 3, 2 *eod. tit.*).

C'est pour cette même raison que les actions criminelles et toutes celles qui ont un caractère infamant sont refusées entre époux ; c'est par application de cette idée que nous voyons défendue entre époux l'*actio expilatæ hereditatis* : Hermogénien le dit au Digeste l. 5 D. 47, 19 « *uxor expilatæ hereditatis crimine idcirco non accusatur quia nec furti cum ea agitur* ».

1. C'est ainsi que l'*actio servi corrupti*, qui est *in duplum*, n'est donné entre époux que *in simplum* « *favore nuptiarum* » dit Marcien. (l. 17, D. 11, 3).

Mais pour la même raison aussi les actions non infamantes sont possibles. L'*actio Aquilia* est possible entre époux. Paul le dit (L. 56, D. 9, 2, *Ad legem aquiliam*) *Mulier si in rem viri damnum dederit, pro tenore legis Aquiliæ convenitur.*

Il convient de bien limiter les personnes qui bénéficient de cette exception. Ce ne sont que les époux mariés en justes noces. Ainsi, si une concubine commet un vol au préjudice de celui à qui elle est attachée à ce titre, elle est passible de l'*actio furti* (L. 17, pr. D. 25, 2). *Si concubina res amoverit, hoc jure utimur, ut furti teneatur.*

Il en serait de même, dit Ulpien dans cette loi, dans tous les cas où le mariage serait nul, s'il avait été par exemple contracté entre tuteur et pupille ou si, contrairement aux mandats impériaux, un gouverneur avait épousé une fille habitant sa province. Nous verrons en effet qu'une des conditions d'exercice de la *condictio* qui remplace dans cette hypothèse l'action *furti* est justement que le vol ait été commis en vue de la dissolution du mariage par le divorce, ce qui ne peut évidemment se produire dans le cas d'un mariage nul. L'exception est faite dans l'intérêt du mariage, elle ne doit pas s'appliquer en dehors d'un mariage régulier.

Ainsi, en résumé, entre époux, le *furtum* est possible, mais l'exercice de l'*actio furti* ne l'est pas. L'*actio furti* sera remplacée par une action spéciale qu'il faut maintenant étudier, l'*actio rerum amotarum.*

CHAPITRE III.

DES MOYENS DE RÉPARER LE VOL ENTRE ÉPOUX.

SECTION I. — Moyens spéciaux.

§ I. — *De l'action* rerum amotarum (1).

Définition.

On peut définir ainsi, en tenant compte de l'étroitesse forcée d'une définition, l'action *rerum amotarum*. « C'est une action civile personnelle donnée après la dissolution du mariage à un époux contre son conjoint pour se faire restituer une chose que celui-ci lui a volée en vue d'un divorce prochain ».

Nature et forme de l'action rerum amotarum.

Une loi au Code (L. 2, C. *Rer. amot.* 5, 21), dit que l'action *rerum amotarum* était au nombre des actions comprises dans l'édit perpétuel « *rerum amotarum edicto perpe-*

1. Au Code L. V. *Rerum amotarum*, t. 21; au Digeste L. 25, t. 2. *Rerum amotarum*. Les lettres *h. t.* renvoient au titre du Digeste.

tuo permittitur actio ». Plusieurs auteurs, et notamment Cujas, en ont tiré la conclusion que cette action était de création récente, qu'elle avait été l'œuvre du Préteur. Cette opinion semble abandonnée aujourd'hui, elle est d'ailleurs démentie par un texte de Gaïus très net et très clair. La loi 26, D. *Rer. amot.* 25, 2, dit en effet *Rerum amotarum actio condictio est.* Il semble difficile, dès lors, de voir dans notre action autre chose qu'une action du droit civil et sa mention dans l'édit perpétuel ne peut à elle seule suffire à la faire tenir pour prétorienne, le préteur ayant souvent à parler dans son édit de l'exercice des actions civiles dont il pouvait avoir l'occasion de s'occuper pendant la durée de sa charge. D'autres textes, d'ailleurs, du titre (1) au Digeste, où les mots *condicere condici* sont employés, viennent corroborer suffisamment l'opinion de Gaïus. La loi 24, *h. t.* parle aussi de *condictio* ; il est vrai qu'elle ne prononce pas le nom de l'action, mais la place du texte et les mots *res amotas* qui s'y trouvent ne permettent pas de douter qu'il s'agit bien ici de l'action *rerum amotarum*.

Ainsi on peut affirmer avec M. Desjardins (2) que l'action *rerum amotarum* n'est qu'une forme de la *condictio furtiva*, on a seulement donné à cette *condictio* un nom qui

1. L. 25, h. t. — L. 17, § 2, h. t.
2. Desjardins, *Traité du vol*, p. 295.

ne rappelât pas le *furtum* ; la chose volée devient par euphémisme *res amota* et l'action l'*actio rerum amotarum.*

C'est dès lors, comme toutes les *condictiones*, une action personnelle. Elle sera suivie, selon le procédure ordinaire des actions de droit strict. Cependant la loi 11, p. 1 et s. *h. t.* indique un moyen plus rapide d'arriver à la solution désirée par le demandeur. Ulpien y dit que ce demandeur, après avoir, bien entendu, prêté le serment *de calumnia,* peut déférer le serment à son conjoint défendeur et lui faire jurer qu'il n'a rien détourné *nihil divortii causa amotum esse* ; le préteur, ajoute le texte, (p. 3) ne permettant pas au défendeur de référer le serment au demandeur. C'était d'ailleurs la règle en matière de vol (L. 12, *h. t.*)

Cas où l'action rerum amotarum *peut être exercée.*

Il faut, pour que l'exercice de l'action soit possible, que la soustraction ait été faite en vue du divorce et que le divorce ait eu réellement lieu.

Il faut que le détournement ait eu lieu en vue d'un divorce. De nombreux textes le disent. La loi 20 *h. t.* prévoit le cas où la femme serait auteur principal et le cas où elle serait complice. Dans ces deux hypothèses notre condition est exigée. « Si la femme, dit Marcellus, a détourné ou fait détourner par un voleur un effet que son mari aurait acheté de bonne foi, *idque fecit divortii causa*, elle sera soumise à l'action *rerum amotarum.* » La loi 6, 1. *h. t.* parle de choses volées *ob divortii causa*. De plus, la formule de serment contient l'affirmation que le défendeur n'a rien détourné *divortii causa*. (L. 11, 1. *h. t.*)

La loi 21, p. 1. *h. t.* suppose encore cette condition. Prévoyant le cas où la femme a poussé un de ses esclaves à voler, il suppose que c'est en vue d'un divorce qu'elle a eu cette pensée coupable : *Si servus mulieris jussu dominæ, divortii causa res amoverit*. La loi 25, *h. t.* dit aussi *si divortii consilio res amotæ fuerint*. La loi 17, pr. *h. t.* exige aussi cette condition. La loi 19 dit *divortii tempore*. Les lois 2 et 3 au Code *Rer. amot.* 5, 21 emploient de même l'expression *divortii causa*.

Aussi il ne semble pas douteux que cette condition soit exigée. Marcellus et Ulpien en font foi : l'*actio rerum amotarum* n'est pas une action générale applicable à tous les cas de vol entre époux, elle est faite pour un cas spécial, celui où un époux a voulu frauduleusement s'attribuer une part de la fortune de l'autre, commençant ainsi et à son profit une liquidation qu'il sait proche et rendue nécessaire par un divorce ou une répudiation prévus.

Comment expliquer que pour ce cas le législateur romain ait inventé une action spéciale ? On en a donné plusieurs explications ; certains ont dit que ce vol commis en vue d'un divorce dénote une hostilité toute particulière entre les époux et appelle une repression sévère. Cette explication n'est pas suffisante : si le législateur avait été guidé par cette idée, il aurait fait pour notre hypothèse une loi plus dure que celle du droit commun ou il aurait au moins laissé s'appliquer l'action *furti* avec toutes ses conséquences et notamment l'infamie qui l'accompagne. Or l'*actio rerum amotarum* écarte justement les conséquences rigoureuses de l'*actio furti* ; elle est plus douce ; ce n'est donc pas en haine des époux qu'elle a été écrite.

Il y a une autre explication beaucoup plus plausible ; c'est qu'elle a été faite en haine des divorces dont la fréquence devenait un danger pour la société romaine. En droit, en effet, l'action est donnée aux deux époux ; en fait, c'est là une chose remarquable, les textes supposent toujours que c'est le mari qui l'exerce ; c'est que les divorces ont été causés, à une époque surtout, par les femmes et c'est à leur inconstance dangereuse que le législateur a dû parer par des moyens nouveaux.

Il est donc préférable de voir dans l'action *rerum amotarum* une mesure rentrant dans l'ensemble des dispositions législatives qui tendaient à rendre au mariage le respect, la solidité qu'il avait perdus. Et c'est alors sûrement moins le vol qu'on voulait atteindre que cet abus du divorce qui mettait l'existence de la famille romaine en péril.

Mais il ne suffit pas que le vol ait été commis en vue d'un divorce projeté, il faut en outre que le divorce ait eu lieu.

La place qu'occupe le titre de l'action *rer. amot.* après celui *De divortiis et repudiis* et deux titres relatifs à la répétition de la dot le feraient suffisamment présumer. Mais il n'est nul besoin de ces présomptions nécessairement incertaines. Des textes précis exigent comme seconde condition l'accomplissement du divorce. La loi 11, 2, D. *De divortiis et repudiis*, 24, 2, dit que l'action *non solet nisi ex divortio oriri*. Marcien, dans un texte déjà cité, l. 25 *h. t.* dit : *Si secutum divortium fuerit*. D'autres textes se rencontreront au cours de cette étude qui montreront encore la nécessité de cette condition.

Ces deux conditions sont donc certaines. Il faut ajouter qu'il n'est pas nécessaire que le mari fasse, au moment où il rend ou promet de rendre la dot, des réserves au sujet de son droit d'intenter l'action. L'action *rerum amotarum* est d'ailleurs possible alors même qu'il n'y a pas de dot constituée (l. 8. *pr. h. t.*)

Voilà dans quelles conditions s'exerce en général l'*actio rerum amotarum* : il est nécessaire maintenant d'en approfondir l'étude et de faire des textes une analyse plus complète.

Les textes prévoient des hypothèses difficiles. Pau (l. 21 *h. t.*) suppose qu'une femme voyant son mari très malade et comprenant que sa fin est proche, lui dérobe quelque objet, la première condition ne se rencontrera pas car le vol aura eu lieu en vue d'une dissolution de mariage par la mort et non par le divorce ; mais si le mari revient à la santé et que plus tard les époux que la mort seule a semblé devoir séparer ont recours au divorce, on donnera contre la femme une *actio rerum amotarum.* Voilà donc un cas où le fait du divorce a pour ainsi dire déteint sur le fait de vol et a permis l'emploi de l'action légèrement modifiée.

Il est maintenant nécessaire de connaître le sens des mots *res amotas* dans cette expression *actio rerum amotarum.*

Quelle est le *res* que l'époux doit avoir volé pour être tenu de l'action ? *Res* c'est ici un meuble sur lequel le volé avait un droit de jouissance ou de propriété dont il est privé par le voleur.

L'action est d'abord donnée au mari à l'occasion de toutes les choses dont il est propriétaire. La loi 24 *h. t.* qui doit s'appliquer à notre action, ne distingue pas entre les objets qu'il a lui-même apportés dans le ménage ou ceux qui lui ont été apportés en dot *vel proprias viri, vel etiam dotales.* L'action lui est accordée sans réserves pour tous ces objets.

Elle lui est également donnée pour les objets qui lui avaient été remis en gage et que sa femme lui a volés, *quæ viro suo res pignori datas amoverit hoc judicio tenebitur*, l. 17, § 3 *h. t.* Il faudrait dire de même s'il n'était que possesseur de l'objet volé, comme l'ayant acheté de bonne foi. (l. 20 *h. t.*).

Voilà donc la *res*. Quel est le sens exat du mot *amotas*? Le mot n'a certainement pas son équivalent dans le droit pénal français. Le mot de « détournement » est synonyme d'abus de confiance, qui a une signification précise, limitée par la définition qu'en donne l'art. 408 du Code pénal. L'expression de *res amotas* éveille aussi une idée plus large que l'idée du vol français. Il y a un texte qui donne de cette expression une définition très compréhensive. C'est la loi 3 § 3, elle dit en effet que l'action *rerum amotarum* s'exerce à l'occasion des choses *quas mulier comederit, vendiderit, donaverit* et elle ajoute *qualibet ratione consumpserit*.

L'action *rerum amotarum* a un mode d'extinction qui lui est propre. La loi 30 dit que si après le divorce et après l'exercice de l'action, le mariage se rétablit, l'instance périt, *solvitur judicium*; mais si le mariage se dissout par un second divorce l'action renaît (l. 23)

Objet de l'action rerum amotarum.

Dans la loi 21 § 5, Paul fait connaître l'objet de cette action ; il dit que c'est une action reipersécutoire : *rei persecutionem continet*. Elle a pour objet de faire restituer au volé la chose dont il a été dépouillé. Quoique née d'un délit l'action n'est pas pénale ; aussi, ajoute le texte, elle ne se prescrit pas par une année et elle n'entraîne pas l'infamie. Elle se rapproche donc par là non de l'*actio furti* mais de la *condictio furtiva*. La loi 16 complète le rapprochement en disant qu'elle sera donnée au simple *uxor rerum amotarum in simplum convenitur*.

Ainsi cette action n'a pas pour but d'infliger au voleur une peine, elle n'est pas inspirée par le désir de lui faire subir un châtiment ; elle est faite beaucoup plus pour le volé que contre le voleur. Cette idée est confirmée par un texte très explicite du Code, la loi 2, Code 5, 21, *constante enim matrimonio neutri eorum neque pœnalis neque famosa actio competit, sed de damno datur actio*.

La paragraphe 5 de la loi 21 *h. t.* dit aussi qu'elle a pour objet la restitution de la chose volée. Son but est plus large, elle permet de réparer tout le dommage causé par le vol *damnum repræsentat*, dit le par. 3, et ce dommage doit être réparé tout de suite, quand même la dot ne pourrait être réclamée que dans un terme éloigné.

Ce dommage est apprécié d'une manière libérale par le juge qui doit tenir compte de tout dans son évaluation *si quod amotis rebus amiserit vir, ratio habenda est.*

Et si la chose a cessé d'exister ? Le demandeur pourra intenter quand même l'action. (L. 17, 2, *h. t.*) qui n'aura plus naturellement alors pour but la restitution de la chose, mais la réparation aussi complète que possible du délit. Le juge fera l'estimation de la chose et il devra tenir compte dans cette estimation de la plus value qu'aura obtenue la chose depuis le vol. (L. 29).

Si la femme a encore en sa possession la chose et qu'elle refuse de la rendre, le mari pourra en faire l'estimation lui-même sous la foi de serment (L. 8, 1, *h. t.*) et il lui sera permis d'exiger un prix élevé, car, c'est là une raison que les textes romains donnent souvent quand il s'agit de cette sorte d'expropriation, il serait injuste d'obliger un propriétaire à céder sa chose au prix exact qu'il en retirerait s'il la vendait de son propre gré : *non enim equum est, invitum suo pretio res suas vendere* (L. 9. *h. t.*).

Cette espèce d'opération faite *in judicio* rappelle évidemment la vente. Cependant il ne faudrait pas lui en appliquer les règles.

Les textes font observer notamment que le mari n'est pas obligé de garantir sa femme coutre l'éviction de l'objet qu'elle vient ainsi d'acquérir (L. 10 *h. t.*) Pomponius dit en effet que la femme n'a pas à se plaindre de cette sévérité, puisque c'est par sa fraude ou son dol qu'elle s'est rendue, malgré le propriétaire, acquéreur de ce bien.

L'origine délictueuse de l'action se fait sentir sur un autre point. Depuis Antonin le pieux (L. 20, D. *De re judicata* 42, 1) le bénéfice de compétence était accordé à l'époux poursuivi par l'autre en paiement de toute créance : *ex aliis quoque contractibus ab uxore judicio conventus*. Or, Paul dit (L. 21, § 6, *h. t.*) que dans le cas où la poursuite a lieu par l'action *rerum amotarum* l'époux poursuivi ne peut pas se prévaloir du bénéfice de compétence à cause de l'origine même de la poursuite, du fait délictueux qui l'a nécessitée. *Pendet enim ex furto.*

A qui et contre qui est donnée l'action rerum amotarum.

Les deux époux indistinctement peuvent, au moins à l'époque classique, exercer cette action. *Rebus uxoris a marito amotis, vel ab uxore mariti permittitur actio*, dit la loi 2 au Code 5, 21.

Cette règle peut également être déduite de la loi 7 *h. t.* qui prévoit le cas où les deux époux s'intentent respectivement l'un contre l'autre cette action, de façon qu'on puisse établir entre leurs dettes de ce chef une compensation. De même la loi 52 D. *De re judicata* 42, 1, prévoit le cas où les héritiers de la femme poursuivent le mari ; or, il n'est pas douteux que le mari a le droit de l'exercer de son côté ; c'est même probablement en sa faveur qu'elle a été faite. De plus une loi d'Ulpien la loi 11, *h. t.* met les deux époux sur un pied d'égalite absolue à cet égard ; au titre 7, p. 2 de ses *Regulœ* il dit aussi *maritus* — il est vrai que Mumnsen lit *mulier* — *rerum quoque amotarum actione tenebitur.*

Cette assimilation se comprend puisqu'on voulait éviter entre les époux les conséquences d'une action infamante. Faut-il voir dans cette presque unaminité une défiance des jurisconsultes pour les épouses romaines? C'est peu probable; il est plus vraisemblable que les textes supposent toujours le vol commis par la femme, parce que c'est contre elle, contre l'abus qu'elle a fait du divorce, que l'action est dirigée.

Mais pour que l'un quelconque des époux puisse intenter l'action, il faut qu'il soit *sui juris*. Que se passerait-il si l'époux était *alieni juris?* Il y a lieu de distinguer.

C'est le volé qui est *alieni juris.* Par exemple la femme vole son mari qui est en puissance. C'est le *paterfamilias* du mari qui subit le préjudice ; il semble donc que celui-ci, qui est en dehors du ménage, va pouvoir intenter l'action ordinaire de vol. Il n'en est rien. La loi 6 *pr.* et § 1 *h. t.* dit que le *paterfamilias* devra avoir recours à l'action *rerum amotarum* et la loi 16. § 1 le confirme.

C'est l'époux *alieni juris* qui est le voleur. Que le vol ait été commis par le mari ou par la femme, la règle est la même. Le volé aura contre le *paterfamilias* du voleur un double moyen d'action ; en supposant l'époux voleur vivant bien entendu, il aura d'abord contre ce *paterfamilias* l'action *de peculio* jusqu'à concurrence du pécule (L. 3, p. 4 *h. t.* si c'est la femme qui a volé, L. 6, p. 2 *h. t.* si c'est le mari). L'époux volé aura aussi, s'il le préfère, contre ce *paterfamilias* une action utile à raison du profit qu'il aura tiré du vol, jusqu'à concurrence par conséquent de son enrichissement (L. 5 *h. t.*).

Si l'époux voleur est mort, il ne peut plus être question de l'action *de peculio*. Le victime du vol n'aura donc plus le choix ; elle ne pourra exercer que la *condictio sine causa* fondée sur l'enrichissement sans cause du *paterfamilias*.

En supposant maintenant le cas où les époux sont *sui juris*, qu'arrivera-t-il si l'un des deux meurt après le divorce et avant que l'action soit intentée.

C'est d'abord le volé. En mourant, il transmet à ses héritiers le droit d'intenter une action, mais laquelle ? Le mariage est dissous, sa majesté n'est plus en cause, il semble que les héritiers vont pouvoir poursuivre l'époux voleur par l'*actio furti* ; non, la loi romaine veut respecter le mariage au delà de sa dissolution ; l'héritier, fût-ce le fisc par suite de confiscation, ne pourra exercer que l'action *rerum amotarum*. (L. 6, p. 5 *h. t.*).

Si c'est au contraire la femme voleuse qui meurt, une difficulté s'élève sur l'étendue de l'obligation qu'elle transmet à ses héritiers. Une loi de Paul (L. 6, p. 4 *h. t.*) dit que les héritiers seront tenus « en vertu de cette cause comme il le seraient par la *condictio furtiva* ». Or l'héritier du voleur poursuivi par le *condictio furtiva* est tenu pour le tout. Il faudra donc en dire autant de cet héritier. Mais un texte de Dioclétien et Maximien au code (L. 3. C. *Rei. am.* V. 21) dit au contraire que les héritiers poursuivis par l'action *rerum amotarum* sont tenus *non in solidum, sed in quantum ad eos pervenit*. Comment expliquer cette contradiction ? On le peut si on observe que Dioclétien et Maximien, qui vivaient plus d'un demi siècle après Paul (1), ont pu changer sur ce point la législation et donner à l'action un caractère nouveau qui la rapproche d'une action pénale.

Les deux textes ne sont pas non plus contradictoires, ils ne prévoient pas le même cas, le texte de Paul vise le cas d'un seul héritier, la constitution de Dioclétien le cas de plusieurs.

Une loi d'Ulpien L. 9. D. XIII, *De cond. furt.* dit en effet que s'il n'y a qu'un héritier il est poursuivi pour le

1. Paul meurt en 235. Dioclétien s'associe Maximien en 286 et abandonne l'empire en 305.

tout et non pas seulement jusqu'à concurrence de ce qu'il a touché de la chose volée, mais que s'il y a plusieurs héritiers, chacun n'est tenu que jusqu'à concurrence de sa part dans la succession.

§ II. *De la* rétentio ob res amotas.

Le mari a un autre moyen de ne pas souffrir de préjudice ; il peut pour ainsi dire s'indemniser lui-même, en faisant une retenue sur la dot que sa femme lui a apportée.

Quelques détails sont nécessaires à ce sujet. La législation de la dot a subi dans le droit romain d'importantes variations qu'il faut rappeler brièvement pour bien comprendre le fonctionnement des *retentiones*.

Dans les premiers temps le mari a les pouvoirs les plus étendus sur la femme et sur les biens qu'elle lui apporte ; il devient propriétaire de la dot. Il n'est pas obligé de la rendre. La femme, en cas de divorce, les héritiers, si elle est décédée, n'auront pas d'action pour en réclamer la restitution. La dot était constituée pour subvenir aux charges du ménage et surtout à l'entretien des enfants. Or la mère ne pouvait laisser ses biens par testament à ses enfants, et lorsqu'elle mourait intestat ses enfants, au moins jusqu'à Marc-Aurèle, ne lui succédaient pas davantage. Il n'y avait donc qu'un moyen d'assurer l'avenir des enfants, moyen détourné mais sûr, c'était de laisser la propriété de tous ces biens au père.

C'était là le droit ancien; les mœurs ne tardèrent pas à le modifier; il favorisait trop un calcul honteux que l'habitude du divorce allait rendre fréquent. Le luxe était entré à Rome avec la victoire, et ce fut alors pour les maris une tentation bien grande de répudier leurs femmes pour garder leurs dots. Ils ne surent pas toujours y résister. Les divorces se multiplièrent et le législateur dut intervenir. Il fallait d'une part déjouer les calculs de ces maris cupides et de l'autre accorder aux femmes répudiées des facilités plus grandes pour leur permettre de contracter de nouvelles unions, et donner des soldats à la République. Une solution répondait à ce double but, c'était la restitution de la dot. Paul le dit L. 2, D. *De jure dotium* 23, 3. *Reipublicœ interest mulieres dotes salvas habere propter quas nubere possunt.* Sous l'influence des jurisconsultes, cette solution a fini par prévaloir dans la pratique; c'est de cette nécessité de la restitution de la dot, qu'est née l'*actio rei uxoriæ*.

Mais le mari avait, lui aussi, besoin d'une certaine protection; il pouvait, pour une raison quelconque, avoir des réclamations pécuniaires à faire à sa femme et il eût été injuste de l'obliger à rendre le tout sans lui permettre de faire valoir ses droits ; on lui laissa donc un droit de rétention qui lui permît de s'indemniser lorsqu'il prouverait sa prétention. Cette indemnité fut fixée d'abord par un conseil de parents et d'amis, plus tard par le juge. C'est à ces retenues très légitimes que les jurisconsultes ont donné le nom de *retentiones ex dote.*

Ulpien p. 9, t. VI, de ses *Regulæ,* dit qu'elles sont au nombre de cinq: *Retentiones ex dote fiunt aut propter liberos, aut propter mores, aut propter impensas, aut propter res donatas, aut propter* res amotas.

Les textes ne parlent que fort peu de la *retentio propter res amotas.* Elle est possible dans tous les cas de dissolution du mariage. Mais c'est surtout dans le cas de divorce que les textes en prévoient l'application. La *retentio,* qui se rapproche par là de l'*actio rerum amotarum,* est comme elle une application du principe que le *furtum* commis par l'un des époux au préjudice de l'autre ne doit pas donner lieu contre l'époux coupable à l'*actio furti.*

Certains interprètes du droit romain ne voient dans ces *retentiones* qu'un cas d'application des principes généraux de la compensation. Le mari, disent-ils, est poursuivi par sa femme en restitution d'une somme, il en déduit comme le ferait tout autre créancier, ce dont sa femme est débitrice envers lui.

Il n'est pas certain qu'on puisse assimiler ainsi la *re-*

tentio à la *compensatio*, et cela d'abord par une raison juridique. Il ne faut pas oublier, en effet, qu'au début le mari était propriétaire de la dot et qu'il avait par conséquent le droit de la retenir tout entière. Les Préteurs ont apporté des tempéraments à cette règle, si bien que le principe est retourné et que le mari doit rendre la dot. Mais dans l'espèce, on lui laisse le droit d'en garder une partie. Est-ce parce qu'il est créancier de cette fraction ? non, car cette idée de créance ne pourrait expliquer ni la *retentio propter liberos*, ni la *retentio propter mores*. C'est dans un but de protection que le Préteur a laissé subsister le droit de propriété du mari sur certains biens ; ces biens il les conservera non pas en vertu d'un droit de créance, mais en vertu d'un droit de propriété, de ce droit de propriété ancien qu'on a amoindri sans le supprimer tout à fait.

Ce qui montre encore bien que la compensation et les *retentiones* sont deux choses très différentes, c'est que Justinien, qui n'a point aboli la compensation même en matière dotale (1), a aboli les *retentiones*. Après avoir fondu en une seule les deux actions *rei uxoriæ* et *ex stipulatu* (2), il déclare que les retentions sont supprimées (L. uniq. 5, C. 5, 13). La *retentio ob res amotas* ne survit

1. L. 7, § 5; L. 15, § 1 ; L. 66, § 1. D, *Solut. matrim.* 24, 3; L. 1, C. *Rer. amot.* 5, 21.

2. Dans une constitution de l'année 530.

pas aux autres ; Justinien dit que l'*actio rerum amotarum* suffit *nec retentio ob res amotas necessaria est quum pateat omnibus maritis rerum amotarum judicium.*

D'ailleurs ces *retentiones* n'avaient déjà pas plus de raison d'être que la propriété perpétuelle de la dot par le mari. Le sénatus-consulte Orphitien avait appelé les enfants à la succession de leur mère, dès lors la *retentio* du père n'était plus aussi nécessaire ; les *retentiones* ne furent plus qu'un privilège du mari, un gain, un *lucrum* disent les textes. Elles subsistent cependant jusqu'à la constitution de l'année 530 ; mais elles avaient déjà perdu la plus grande partie de leur utilité, si bien que, parlant des actions qui les remplacèrent, M. Gide a pu s'exprimer ainsi : « Ces actions une fois introduites, les *retentiones* correspondantes perdirent à peu près toute utilité pratique, si bien que Justinien en les supprimant, ne supprima que de vains mots et ne changea presque rien au fond même de la législation (1). »

SECTION II. — Moyens d'action ordinaires applicables à la réparation du vol entre époux.

L'*actio rerum amotarum* et la *retentio* ne sont possibles que dans certaines conditions que les textes ont pris soin d'énumérer.

1. Revue de législation 1872, page 160.

Si toutes ces conditions ne se rencontrent pas, le vol va-t-il rester sans sanction pénale ou civile? Evidemment non ; dans une société qui a pour fondement la propriété individuelle, c'est un principe que nul ne peut s'enrichir sans cause aux dépens. La situation d'époux mérite des égards, ils ne pourraient cependant pas aller jusqu'à contredire cette grande règle dont nous voyons des applications constantes dans la matière des obligations. Aussi les principes du droit romain et les textes permettent-ils de prévoir des cas où, toujours dans le même but de réparation pécuniaire, les époux peuvent faire usage des moyens d'action que la loi met au service de tous.

Ce sont les moyens d'action ordinaires : action *ad exhibendum*, revendication, pétition d'hérédité, la *condictio sine causa* et même dans des cas strictement limités la *condictio furtiva* et l'*actio furti*.

Le but de l'action *ad exhibendum* est de faire exhiber à la personne qui l'intente l'objet du litige ; elle s'assurera par là de son existence, de son état. Le détenteur sera obligé de faire voir, de faire toucher la chose. Cela rassurera le demandeur. *Exhibere est in publicum producere, et videndi tangendique hominis facultatem præbere* (L. 3, § 8. D. 43, 29). L'exercice de cette action se comprend surtout quand l'objet volé est un esclave.

Cette action appartient à la classe des actions dites

in rem scriptæ à laquelle appartiennent entre autres l'action *quod metus causa* et les actions noxales. Ce nom n'implique point que ce soient des actions réelles ; ce sont des actions personnelles, mais avec ce caractère spécial qu'elles naissent d'une obligation qui prend sa source non dans un contrat, un quasi-contrat ou un délit, mais dans un fait; ici le fait de la détention ou de la possession de bonne foi d'un objet.

En effet, l'action *ad exhibendum*, ne peut, par son objet même, être exercée que contre celui qui détient une chose, par cela seul qu'il la détient, sans qu'il ait commis aucune faute ou qu'il ait contracté aucune obligation de faire ou de donner.

Certains textes prévoient l'exercice de cette action entre époux. L'action *rerum amotarum* ne pouvait être exercée que lorsque le vol avait été commis en vue d'un divorce; mais si le vol a eu seulement pour but un enrichissement immédiat pendant le mariage, sans que le voleur ait pensé à un divorce possible, l'action *rerum amotarum* ne pouvant plus être exercée, le volé n'avait à sa disposition que les moyens ordinaires. C'est ce que dit la loi 22, 1. D. *Rer. am.* 25, 2. Le texte suppose que la femme, voyant son mari malade, lui a volé quelque objet ; l'héritier du mari pourra intenter contre elle l'action *ad exhibendum* et se faire rendre ensuite la chose par la pétition d'hérédité. *Hereditatis petitione, vel actione ad exhibendum consequi poterit heres id quod amotum est.*

L'action *ad exhibendum* est ordinairement la préface de la revendication. On conçoit en effet que le demandeur ait intérêt à se faire d'abord montrer la chose avant de la revendiquer. Aussi certains textes disent-ils très clairement, et ce n'est là que l'application des principes généraux, que l'époux volé peut revendiquer. C'est notamment la loi 24 *h. t.* Elle dit que si la femme a volé à son mari des objets qui lui appartiennent personnellement ou qu'elle lui a donnés en dot, il a contre elle *tam vindicatio quam condictio.* Le texte ajoute que le mari a le choix entre les deux actions *et in potestate est qua velit actione uti.*

L'action personnelle était aussi en usage. Marcien le dit en termes généraux dans le fragment 25 *h. t.* Il s'agit d'un vol commis par la femme, pendant le mariage et pendant un mariage qui n'est pas dissous par le divorce. Marcien dit alors : l'action *rerum amotarum* n'est plus possible, mais le mari aura une autre action, une *condictio* qui aura pour fondement un enrichissement sans cause, *nam jure gentium condici puto posse res ab his, qui non ex justi causa possident.*

Il est bien évident que cette *condictio* que Marcien déclare possible d'après les principes généraux et qu'il donne dans le cas où le vol a eu lieu en vue du divorce, sans que le divorce ait suivi, pourra être exercée dans tous les cas de soustraction frauduleuse entre époux.

Il reste à examiner une hypothèse assez délicate que les règles jusqu'ici étudiées ne suffiraient pas à résoudre. C'est le cas où la femme, avant le mariage, a commis un vol au préjudice de celui qui devient plus tard son mari. Il est certain qu'au moment du vol l'*actio furti* est née ; la question est de savoir si cette action pourra être exercée après le mariage. La loi 2 § 3 *h. t.* s'y oppose pour les mêmes raisons de convenances. L'*actio furti* ne sera pas intentée *propter reverentiam personarum*. Mais cependant le mari aura ici à son service plus qu'une *condictio sine causa* ; il a été un moment titulaire d'une *actio furti*. La loi choisit un moyen terme, elle lui donne contre sa femme la *condictio furtiva : furtivam tantum condictionem competere, non etiam furti actionem dicimus*.

A cette hypothèse d'une femme volant son mari avant le mariage, il faut en assimiler une autre, c'est le cas où la femme a volé un objet à un tiers et où ce tiers meurt laissant sa succession au mari de sa voleuse. Voilà le mari héritier d'une action *furti* contre sa femme ; le texte donne la même solution. Le mari n'aura contre sa femme qu'une *condictio furtiva*.

Les textes prévoient même des cas où la femme pourrait être poursuivie par l'action *furti* à raison d'un vol commis au préjudice de son mari. Ces cas sont évidemment exceptionnels, mais il est nécessaire de les étudier pour bien montrer que la règle qui défend aux époux de se poursuivre par une action pénale, n'est pas absolue.

Un esclave vole un objet au préjudice du mari de sa maîtresse. Le mari victime du vol a le choix entre deux actions : l'action noxale contre sa femme tendant à l'abandon à son profit de l'esclave délinquant, et l'*actio furti*. La loi 3, § 1. D. *De act. rer. amot.* 25, 2 le dit formellement : *Item si servus ejus furtum fecerit, furti cum ea agere possumus.*

La loi 3 suppose un esclave quelconque ; il y a un texte spécial pour le cas où l'esclave serait un esclave dotal. C'est le frag. 21 § 2 *h. t.* Dans ce cas la femme est plus ou moins punie, selon qu'elle aura connu ou non le vice de son esclave : *at si in dolem servus datus furtum viro fecerit, si quidem mulier talem esse eum scierit, totum damnum viro sarcietur : quod si ignoraverit tunc non ultra condemnationem noxæ multanda erit.*

Il peut arriver en outre que la femme soit exposée à l'action *furti* pour avoir volé une chose qui appartient à son mari. C'est dans le cas où le vol aurait en même temps lésé un tiers ; la qualité de voleur ne peut pas priver cet étranger victime du vol d'un droit qu'il tient de l'équité et dont nulle considération d'ordre public ne défend l'exercice.

Voici dans quelles circonstances ces cas se présentent : les exemples sont pris dans la matière du commodat. Le mari a prêté à usage un objet à un tiers, la femme va le voler chez ce tiers. Le commodataire pourra poursuivre la femme *si uxor rem viri ei cui vir commodaverat subripuerit isque conventus sit, habebit furti actionem, quamvis vir habere non possit.* (Paul L. 28. D. 25, 2). Ce sera là un des cas, très rares, où la femme pourra être poursuivie par l'*actio furti* pour le vol d'une chose appartenant à son mari.

L'autre exemple est indiqué au Code (L. 22 § 4 *De furtis et de servo corrupto*, t. 2). Il faut supposer ici le mari commodataire ; la femme lui vole l'objet prêté à usage. Que va-t-il arriver ? Gaïus nous dit qu'on donnait au commodant l'action *furti* contre le voleur de l'objet prêté (Gaïus C. III, p. 206). Justinien modifie la législation, il donne au commodant un droit d'option. (Inst. L. IV, t. 1, p. 16). Il pourra poursuivre le mari par l'action *commodati*, sauf le recours de celui-ci contre sa femme, mais par l'action *rerum amotarum* seulement, ou poursuivre directement la femme par l'*actio furti*. Il ne pourra cependant employer ce second moyen que si le mari est insolvable. Dans le cas où le mari est solvable le commodant doit le poursuivre lui-même par l'*actio commodati* : il ne pourra pas poursuivre la femme par l'*actio furti*.

Ce texte ne paraît pas avoir voulu éviter cette action *furti* par respect pour le mariage ; si on la refuse, dit-il, c'est qu'on a peur qu'un mari voulant se venger de sa femme tende des pièges à sa probité et lui fournisse des tentations qui lui permettent, si elle y succombe, de la déshonorer par l'action infamante de vol : *ita tamen est, si ipse qui rem commodatam accepit solvendo sit, nullo adversus mulierem furti actio extendatur, ne ex hujusmodi occasione inter maritum et uxorem, qui non bene secum vivunt, aliqua machinatio oriatur et forsitan marito volente uxor ejus et trahatur et furti patiatur pœnalem condemnationem.*

CHAPITRE IV.

DE LA COMPLICITÉ.

La question de savoir si la femme pouvait ou non commettre un *furtum* au préjudice de son mari, avait été discutée dans le droit ancien. Si l'opinion de Nerva et de Cassius avait triomphé, si, par respect pour le mariage, la jurisprudence romaine avait admis que la soustraction frauduleuse n'avait pas le caractère délictueux du *furtum*, la question de la complicité ne se serait pas posée. Il ne peut y avoir de complices ni de co-auteurs où il n'y a pas de délit. Mais la doctrine qui a triomphé à l'époque classique n'allait pas jusque-là. La femme qui soustrait des choses appartenant à son mari commet un *furtum* qui va produire ses conséquences ordinaires sauf une. Il ne fera pas naître *l'actio furti*. La sanction du vol change, le délit reste. Il se passe quelque chose d'analogue à ce qui se produit quand le voleur meurt avant la condamnation. L'action *furti* est désormais impossible contre lui et contre ses héritiers, mais il n'en a pas moins été commis un *furtum*.

Puisqu'il y a eu vol, il peut y avoir des complices. La question se pose maintenant de savoir comment ils seront traités.

On peut concevoir deux solutions à cette question. Le complice d'un acte resté impuni chez l'auteur principal bénéficie de cette impunité. Cette solution serait théoriquement logique, puisque le complice est en quelque sorte le calque de l'auteur principal ; il ne devrait donc encourir que la peine de l'auteur principal. C'est là une théorie qui a été soutenue, elle est peut-être philosophiquement la meilleure : ce n'est pas la solution de la législation romaine.

En effet, pourquoi l'époux voleur n'est-il pas passible de l'*actio furti* ? On l'a vu, c'est qu'il n'est pas décent qu'un époux fasse condamner son conjoint à une peine infamante. Cela serait contraire au but même du mariage. C'est la raison donnée par tous les jurisconsultes. Cette raison s'oppose-t-elle à l'exercice de l'*actio furti* contre les complices ? Aucunement; la morale, l'ordre public ne sont plus intéressés à l'impunité des complices de l'époux voleur, la sécurité publique exige au contraire qu'ils soient châtiés.

C'est la solution de la législation romaine et de notre législation française (1). D'ailleurs c'est la règle dans

1. Art. 380 *in fine*: « A l'égard de tous autres individus qui auraient *recélé ou appliqué à leur profit* tout ou partie des objets volés, ils se-

tous les cas où l'action *furti* est refusée à cause de la qualité du voleur. Elle peut s'exprimer ainsi : les complices de l'époux qui a volé son conjoint, du fils qui a volé son père, de l'affranchi qui a volé son patron ne profiteront pas de l'impunité du conjoint, du fils ou de l'affranchi voleurs. Un *furtum* a été commis, cela suffit pour que le complice soit puni de la peine qui atteindrait le principal délinquant, si la qualité de celui-ci ne le soustrayait au châtiment.

Cette règle est exprimée par tous les jurisconsultes. Justinien la reproduit aux Institutes (L. 4, t. 1, *De obl. quæ ex del.* p. 12). La loi 36, § 1, D. 47, 2, le dit également : *Item placuit eum, qui filio, vel servo, vel uxori, opem fert, furtum facientibus, quamvis ipsi furti actione, non conveniantur.* Ulpien dit de même L. 53, pr. D. *De furtis*, 47, 2 *Si quis uxori res mariti substrahenti opes consiliumve accomodaverit, furti tenebitur.*

Ainsi le complice ne bénéficie pas du privilège accordé à l'époux voleur auteur principal, l'auteur principal est un tiers dont l'époux n'est que le complice, l'époux sera encore ici à l'abri de l'action *furti*. On ne pouvait punir l'époux complice alors qu'on ne l'avait pas puni comme auteur principal, on avait ici les mêmes raisons

ront punis comme coupables de vol ». Cet article ne paraît viser que les complices par recel. Une jurisprudence constante décide qu'il est applicable à tous les complices visés par les articles 59 et suivants.

de ne pas le poursuivre, le complice étant comme l'auteur principal tenu de l'*actio furti* et le caractère infamant de cette action s'opposant ici à ce qu'on pût l'exercer.

C'est en effet cette solution qui est donnée par les textes dans quelques hypothèses particulières. Ulpien L. 19 *h. t.* suppose que la femme, au lieu de voler elle-même, a introduit des voleurs chez son mari. Les auteurs principaux sont certainement ces voleurs, puisqu'ils se rendent coupable eux-mêmes de la *contrectatio fraudulosa* ; la femme n'est que complice, car elle a sciemment fourni les moyens de commettre l'acte délictueux. Elle ne sera pas tenue de l'*actio furti*.

La même solution se retrouve dans la loi 20 où Marcellus prévoit une hypothèse analogue.

Et ainsi, soit qu'elle ait commis elle-même le vol soit qu'elle y ait participé comme complice, la femme n'est tenue que de l'action *rerum amotarum,* alors que ses complices sont tenus, quoique moins coupables, de l'*actio furti*.

CONCLUSION

C'est de la règle romaine que les législations modernes se sont visiblement inspirées dans notre matière. Il convient donc de tirer de cette étude un enseignement pour notre législation française. On a vu dans les textes du Digeste les raisons de l'exception écrite en faveur des époux.

Voyons en quelques mots si ce sont les mêmes raisons qui ont dicté l'art. 380 du Code pénal et si elles justifient encore suffisamment une aussi grave dérogation aux nécessités de l'ordre public.

M. Louvet, dans son rapport au corps législatif, disait à la séance du 9 février 1810 (1) : « Le projet s'occupe « ensuite d'un genre de soustraction que la législation « de presque tous les peuples éclairés a cru devoir af- « franchir de la rigueur des poursuites criminelles ; je « veux parler des atteintes à la propriété qui peuvent se « commettre entre époux, entre ascendants et descen- « dants. Ici, Messieurs, et cette grande considération

1. Locré t. 31, p. 135.

« vous aura aussitôt frappés, les liens de la nature,
« ceux du sang, la qualité, en un mot, des individus les
« rapprochent et semblent même, si l'on peut parler
« ainsi, les identifier à un tel point que la morale, je
« dirai plus, la pudeur publique auraient trop à souffrir
« si ces soustractions domestiques pouvaient devenir
« l'objet d'une procédure criminelle et montrer à un au-
« ditoire étonné l'époux accusateur de son épouse, le
« père poursuivant son fils, ou même le Ministère public
« exerçant cette poursuite en leur nom.

Et dans l'exposé des motifs du ch. 2 de t. II du livre III du Code pénal, M. le chevalier Faure, conseiller d'Etat, disait à la même séance : « Les rapports entre ces per-
« sonnes sont trop intimes pour qu'il convienne à l'oc-
« casion d'intérêts pécuniaires, de charger le Ministère
« public de scruter les secrets de famille, qui peut-être
« ne devaient jamais être dévoilés, pour qu'il ne soit
« pas extrêmement dangereux qu'une accusation puisse
« être poursuivie dans des affaires où la ligne qui sépare
« le manque de délicatesse du véritable délit, est souvent
« très difficile à saisir ; enfin pour que le Ministère pu-
« blic puisse provoquer des peines dont l'effet ne se bor-
« nerait pas à répandre la consternation parmi tous les
« membres de la famille, mais qui pourraient encore
« être une source éternelle de divisions et de haines....
« Ces considérations puissantes ont nécessité la disposi-

« tion spéciale dont nous venons de rendre compte ».

C'est sous l'influence de ces raisons très généreuses, tirées de l'honneur et de la dignité de la famille que l'art. 380 a été voté. Il est nécessaire d'en rappeler maintenant exactement les termes. Il est ainsi conçu :

« Les soustractions commises par des maris au préjudice de leurs femmes, par des femmes au préjudice de leurs maris, par un veuf ou une veuve quant aux choses qui avaient appartenu à l'époux décédé, par des enfants ou autres descendants au préjudice de leurs pères ou mères ou autres ascendants par des pères et mères ou autres ascendants au préjudice de leurs enfants ou autres descendants, ou par des alliés aux mêmes degrés, ne pourront donner lieu qu'à des réparations civiles. »

Si l'on en croit M. Louvet, la même disposition était, en 1810, écrite dans « les législations de presque tous les peuples éclairés ». Nous ne pouvons plus en dire autant et si notre art. 380, qui vient en droite ligne du droit romain, est encore rédigée comme en 1810, les autres législations ont marché avec les mœurs et se sont modifiées avec elles. Sans doute le mariage a droit aux plus sérieuses préoccupations du législateur mais nous croyons cependant qu'il est temps de faire disparaître de nos Codes, des dispositions qui pouvaient être très justifiées dans le droit romain, qui pouvaient l'être encore au commencement de ce siècle, mais qui ne sont plus en rapport avec les mœurs.

L'organisation forte de la famille romaine a disparu; la famille moderne n'a plus cette cohésion qui faisait de la famille romaine une unité solide et respectée dans l'Etat; nos mœurs utilitaires ne comprennent plus autant le caractère élevé du lien conjugal et font trop souvent du mariage une spéculation dont le législateur ne doit pas se faire le complice. Or, l'art. 380 facilite, dans sa rédaction actuelle, le vol dans la famille. On peut dire avec l'expérience des faits qu'il est une véritable prime au délit. Les voleurs de profession le connaissent bien et savent l'enseigner aux malfaiteurs précoces. Sans doute, le complice est punissable, mais il est difficile à découvrir et l'auteur principal du vol ne fait, s'il est soupçonné, aucune difficulté d'avouer son crime; on a eu soin de lui apprendre que l'art. 380 le protège. La réparation civile l'effraie peu et l'on voit ce spectacle certes immoral et dangereux de citoyens demandant en vain à la justice de frapper d'audacieux voleurs.

C'est dans cette hypothèse que le vice de l'art. 380 est le plus fréquemment visible, mais on peut en dire autant de tous les cas qu'il prévoit et notamment de l'hypothèse d'un vol entre époux séparés de corps. Ces époux vivent en fait comme des personnes étrangères l'une à l'autre et cependant le vol ne peut pas être criminellement poursuivi contre eux.

Certaines législations étrangères ont fait sur ce point des distinctions très sages ; leurs dispositions à ce sujet, quoique inspirées aussi du droit romain, sont en général moins compréhensives.

Le Code pénal italien et celui du canton du Tessin ne permettent ni aux ascendants et descendants ni aux époux non séparés de se poursuivre pour vol devant les juridictions repressives, mais la règle n'est pas la même pour les conjoints séparés. D'après le Code pénal du Tessin, les vols entre époux séparés de corps peuvent être poursuivis au criminel ; on exige seulement une plainte préalable de l'époux lésé (1). La même règle est écrite dans l'art. 433 du nouveau Code pénal italien du 30 juin 1889 ; la peine est abaisée d'un tiers.

D'autres législations vont plus loin ; elle n'entendent pas protéger la famille malgré elle, elles ne consentent pas à opposer un déni de justice au père ou à l'époux qui viennent réclamer à des juges le châtiment d'un délinquant dont la culpabilité s'augmente de l'amitié ou de l'amour que lui portaient ses victimes.

C'est ainsi que le Code pénal des Pays-Bas, qui ne permet dans aucun cas la poursuite des époux non séparés, l'autorise entre époux séparés et entre parents sur une simple plainte de la personne lésée (2).

1. *Se i furti avvuemmero tra coniugi legalmente separati..., si procede soltanto a querela del damnegiato e la pena si diminuisce di un grado.*

2. Art. 516. « Si l'auteur ou le complice d'un des délits spécifiés

Voici enfin deux législations qui semblent avoir parfaitement concilié dans tous les cas le respect dû au mariage et les concessions qu'exigent la morale et l'ordre public. C'est d'abord la législation pénale des Indes Anglaises. Le code pénal indien est entré en vigueur le 1er mai 1861 et il édicte que le vol entre époux ou entre parents doit toujours être poursuivi sur la plainte de l'époux ou du parent lésé (1).

En Europe, nous trouvons une disposition semblable dans le code pénal hongrois de 1878 art. 342 (2).

Notre art. 380 doit être modifié dans le sens d'une de

dans ce titre (t. XXII, Vol et Maraudage), est le conjoint séparé de corps ou de biens ou son parent ou allié, soit en ligne directe, soit au deuxième degré de la ligne collatérale, il n'y a de poursuite à son égard que sur la plainte de celui au préjudice duquel le délit a été commis.

(1) *Comparative pénal law* by Philipps. Appendix, section 390. Calcutta, 1889.

Thefts as between married persons, brothers and sisters, ascendants and descendants, by pupils from masters, minors from guardians can only be prosecuted *on the complaint of the person aggrieved*. The german penal code has a similar rule; but it is necessary that the property stolen should be of small value.

(2) Code pénal hongrois des crimes et délits, art. 342:

« Les vols entre époux, parents en ligne ascendante et descendante frères et sœurs, ou parents vivant en ménage commun, ainsi que les vols commis par un mineur au préjudice de son tuteur, par la personne en curatelle au préjudice de son curateur, par les élèves au préjudice de leur maître, ne seront poursuivis *que sur la plainte de la partie lésée.* »

ces législations. Cet article donne lieu dans la pratique à des calculs frauduleux de la part d'enfants ou d'époux coupables et cependant la justice demeure contre eux désarmée. Qu'on protège la famille, rien de mieux, mais il faut la laisser elle-même juge de la protection dont elle croit avoir besoin. Elle doit être par le moyen de la plainte préalable elle-même maîtresse de l'action publique. La loi française exige cette plainte dans une matière analogue, en cas d'adultère, pour un certain nombre d'autres délits, la contrefaçon, la diffamation ; pourquoi ne le ferait-elle pas pour le vol ? La pratique montre tous les jours que la rédaction de l'art. 380 est dangereuse ; il faut qu'on la modifie dans le sens de la répression, répression atténuée si l'on veut, pour laquelle d'ailleurs la loi du 26 mars 1891 reste applicable. Qu'on exige si on le veut une plainte préalable, mais encore une fois, au nom de la dignité même du mariage qu'on prétend protéger, nous demandons qu'on ne laisse pas impuni l'époux voleur.

DROIT FRANÇAIS

DES DÉLITS CONTRAVENTIONNELS

INTRODUCTION.

Dans l'obscurité de la loi, alors que la volonté du législateur ne ressort pas suffisamment de la lettre, l'interprète est souvent tenté de modifier les textes. Il n'y a rien de plus dangereux que cette tendance. L'histoire des délit contraventionnels suffirait à le prouver s'il en était encore besoin.

Les interprètes n'ont pas craint, dans cette matière, de compléter une loi qu'ils jugeaient insuffisante et il sont arrivés à créer une quatrième classe de délits alors que le Code pénal n'en prévoit que trois.

La jurisprudence et les auteurs ont en effet décidé que l'art. 1er du Code pénal ne devait pas s'appliquer aux lois postérieures. Rien n'autorisait cette interprétation puisque l'art. 1er est conçu dans les termes les plus généraux. Le juge a modifié l'œuvre du législateur. Sa décision a été le point de départ d'une théorie construite de toutes pièces, n'ayant aucun fondement dans la loi et dont les conséquences devaient effrayer ses auteurs eux-mêmes. Aujourd'hui, après cinquante ans, ils ont obligés d'en revenir au texte au delà duquel il n'y a que dangers et arbitraire.

Dans quelle loi en effet est écrite cette expression de « délits contraventionnels ? » Dans aucune. Quand par suite d'une fausse application des règles du Code on a créé des infractions nouvelles, il a fallu leur trouver un nom, on a choisi celui-là qui paraît bien bizarre, car il marie deux choses qui se distinguent nettement, le délit et la contravention.

Leur union a été plus longue qu'on ne l'eût pu croire au début. Elle touche à sa fin. La loi n'a créé que trois sortes d'infractions, l'interprète n'avait pas le pouvoir d'en créer une quatrième durable.

L'existence des délits contraventionnels aura eu deux conséquences. Elle sera, il faut l'espérer, pour la jusisprudence une leçon ; elle lui rappellera qu'en dehors de la loi il n'y a point de salut. Elle aura eu pour second effet de montrer l'inanité de certaines formules juridiques dont le seul mérite a été de paraître claires, textes à côté du texte qu'ils n'ont réussi qu'à obscurcir.

On a trop négligé dans la doctrine ces délits contraventionnels ; cependant, si leur existence et leur disparition aboutissent à ce double résultat, il ne faudra pas se plaindre de les avoir connus et on conviendra qu'ils méritaient bien une étude spéciale.

Tout le mal venant d'une fausse interprétation de

l'art. 1er du Code pénal,il faudra d'abord prouver que ce texte contient une règle générale à laquelle doivent être soumises les infractions créées par des lois postérieures. Il domine ainsi notre législation pénale. Sa division s'étend à tous les délits. C'est là la grande règle à suivre, elle sert de classification unique dans laquelle doivent venir se ranger toutes les infractions à la loi pénale.

Une fois le domaine de l'art. 1er connu, les conséquences découlent d'elles-mêmes. Aussi cette étude sera-t-elle divisée en deux parties.

Dans la première, « Histoire des délits contraventionnels, » il faudra étudier par suite de quelles erreurs la jurisprudence et les auteurs ont été amenés à créer une quatrième classe d'infractions. La première erreur vient de ce qu'ils se sont refusés à étendre l'art. 1er aux lois postérieures. Pour ces lois, il n'y avait dès lors plus de règle ; la jurisprudence varie avec chaque arrêt ; les tribunaux rendent les décisions les plus contradictoires.

La jurisprudence et les auteurs ayant ainsi restreint le champ d'application de l'art. 1er dans l'avenir, y ont ajouté des formules que le législateur n'avait jamais pensé à y mettre. L'art. 1er classait les infractions d'après la peine ; on a imaginé à côté une classification d'après l'intention. Il a été impossible de concilier ces deux termes. Le résultat a été la création des délits contraventionnels.

Si l'on s'en était tenu à l'art. 1er, sans vouloir l'amoindrir ni le compléter, il eût été facile d'éviter l'écueil sur lequel auteur et jurisprudence ont échoué. On commence à s'en apercevoir aujourd'hui ; l'objet de la seconde partie sera justement de déduire les conséquences logiques de l'application de l'art. 1er aux délits contraventionnels.

PREMIÈRE PARTIE

HISTOIRE DES DÉLITS CONTRAVENTIONNELS

CHAPITRE I

ETUDE DE L'ART. 1er DU CODE PÉNAL.

La théorie des délits contraventionnels est née d'une interprétation étroite de l'art. 1er du Code pénal. Cet article est ainsi conçu :

« L'infraction que les lois punissent de peines de police est une contravention.

L'infraction que les lois punissent de peines correctionnelles est un délit.

L'infraction que les lois punissent d'une peine afflictive ou infamante est un crime.»

D'autre part les peines de police sont l'emprisonnement de un à cinq jours et l'amende de un à quinze francs (art. 464, 466 C. p.) (1). Les peines correctionnelles

1. Une loi du 26 Octobre 1888 fixe le maximum de l'amende à trois mille francs, mais seulement « dans le cas où l'amende est substituée à l'emprisonnement » par suite de l'admission des cir-

sont l'emprisonnement de six jours à cinq ans et l'amende supérieure à seize francs (art. 9, 40 C. p.). Les peines criminelles sont la mort, les travaux forcés, la déportation, la détention, la réclusion, le bannissement, la dégradation civique et l'amende supérieure à seize francs. (Art. 6, 8 C. p.)

Il semble que les définitions de l'art. 1er, rapprochées des divers articles énumérant les peines, doivent suffire à classer toutes les infractions. Cet art. 1er paraît en effet très clair ; et cependant sa rédaction a soulevé bien des controverses.

§ 1. *Critiques faites à l'art. 1er du Code pénal.*

On a d'abord reproché (1) à la classification de l'art. 1er d'être arbitraire ; pourquoi trois classes, pourquoi pas quatre ? La réponse est aisée. Il était logique de faire des degrés dans l'échelle des peines puisqu'il y a des degrés dans la gravité des infractions et de donner à chacune de ces séries d'infractions un nom spécial. La division en trois classes suffit à les embrasser toutes.

La seconde critique paraît plus sérieuse. Le législateur a

constances atténuantes et « si la peine de l'emprisonnement est seule prononcée par l'article dont il est fait application ».

1. Rossi.

eu tort, dit-on, de classer les infractions selon la peine qu'il y attachait ; la peine n'est que la conséquence du délit ; classer les délits d'après la peine c'est renverser la logique, c'est nier le principe rationnel que ce sont les circonstances antérieures ou concomittantes à l'infraction qui en font la gravité. Rossi a présenté d'une façon très frappante cette critique : « C'est dire au public : ne vous embarrassez pas d'examiner la nature intrinsèque des actions humaines ; regardez le Pouvoir : fait-il couper la tête à un homme, concluez-en que cet homme est un grand scélérat. Il y a là un tel mépris de l'espèce humaine, une telle prétention au despotisme en tout, même en morale, que l'on pourrait, sans trop hasarder, juger de l'esprit du Code entier par la lecture de l'art. 1er » (1). Si l'art. 1er avait cette signification il mériterait en effet le blâme du criminaliste et du philosophe. Mais il faut d'abord s'entendre sur sa signification ; s'il faut dire, comme certains le veulent, que la peine règle la nature intrinsèque du délit et en détermine par sa seule élévation le degré de moralité, la critique de Rossi est juste ; mais la portée de l'art. 1er n'est pas aussi considérable. La question de moralité reste en dehors de ses termes. La préoccupation

1. Rossi, t. I, p. 54. *Sic.* Boitard, *Législation du Code pénal*, p. 22 — Lerminier, *Introduction à l'histoire du Droit*, ch. 20 — Ruben de Couder, *Pandectes chronologiques*, t. VI, première partie, p. 316, en note.

du législateur était avant tout de poser une règle claire de procédure.

La classification de l'art. 1er répondait bien à ce souci de clarté législative; cette distinction des délits d'après les peines était aisée à saisir et rendait singulièrement faciles dans l'application les règles de la compétence. Pour connaître la juridiction compétente il suffit en effet de se reporter à la peine, qui devient ainsi un *criterium* très sûr. C'est là un avantage précieux; car, en dehors de la question de compétence, il y a très souvent intérêt à distinguer les délits des crimes et des contraventions. Cette distinction importe notamment dans l'application des règles de la complicité, du cumul des peines, et aussi dans la fixation des délais de la prescription.

L'art. 1er ne mérite donc pas le reproche si vif de Rossi. Le législateur distingue il est vrai les infractions d'après la peine, mais pour chaque cas il prend justement soin de calculer la peine sur le degré d'immoralité que l'acte suppose chez le délinquant et sur le degré de gravité que peut avoir le délit. S'il punit de la réclusion certains vols alors qu'il n'attache à d'autres que la peine de l'emprisonnement, c'est que les premiers font courir à l'ordre public qu'il veut assurer plus de danger que les seconds.

C'est ce que dit des peines de police dans son rapport au Corps législatif M. Nougarède, membre de la commission de législation, le 20 février 1810 : « Les peines de simple police sont légères à cause de la nature des contraventions qu'elles sont destinées à réprimer. » Et ainsi, si la peine influe sur les règles de la poursuite du délit, c'est bien en réalité le délit qui dicte la peine.

§ II. — *L'art. 1er s'étend-il aux lois postérieures?*

On a fait un troisième reproche à l'art. 1er. Il est rédigé, a-t-on dit, de telle façon qu'on ne sait pas s'il doit s'appliquer au seul Code pénal en tête duquel il est écrit ou s'il régit aussi les lois pénales postérieures. C'est là une question fort débattue.

Les travaux préparatoires ne fournissent pas d'argument irréfutable en faveur de l'une ou l'autre opinion. Dans l'exposé des motifs, (1) Treilhard ne consacre qu'une phrase à l'art. 1er du projet. Il dit: « *Désormais* le mot crime désignera les attentats contre la société qui doivent occuper les Cours criminelles. Le mot délit sera affecté aux désordres moins graves qui sont du ressort de la police correctionnelle. Enfin le mot contravention s'appliquera aux fautes contre la simple police. »

L'exposé des motifs ne fait donc aucune distinction en-

1. Locré. XXIX, p. 202. Exposé des motifs, n° 9.

tre le Code et les lois postérieures; sa formule très générale et le mot *Désormais* placé en tête autorise bien à supposer que le législateur entendait engager l'avenir.

Le texte de l'art. 1er lui même ne permet pas le moindre doute. Comme le fait ingénieusement remarquer un auteur, il semble au contraire avoir été rédigé pour trancher la question qu'il soulève. Il parle des « infractions que *les lois* punissent ». Il est difficile de trouver une formule plus compréhensive. L'intention du législateur de 1810 paraît d'autant moins douteuse que quand il veut parler de la loi de codification à laquelle il travaille, il emploie l'expression de *Code* ou *présent Code*. On trouve ce mot de Code dans les art. 5, 141, 142, 228, 234. Les rédacteurs n'emploient donc pas indistinctement le mot *Loi* et le mot *Code*. Pour des hommes qui parlaient quelquefois encore la langue singulièrement noble de la tribune révolutionnaire, les expressions la *Loi*, les *Lois* ont un sens très élevé et très large. S'ils avaient voulu faire cette classification pour le Code seulement, ils auraient dit comme dans l'art. 5 : « Les infractions que le *présent Code* punit. »

Il y a d'ailleurs d'autres textes où les deux expressions sont employées avec leur sens précis. L'art. 3 C. p. relatif à la tentative des crimes et délits emploie les mots *la Loi*, et il est admis cependant que cet art. 3 s'applique aux délits prévus par les lois postérieures.

L'historique de l'art. 463 fournit aussi un argument. L'art. 463 primitif disait : « Dans tous les cas où la peine d'un emprisonnement est portée par le *présent Code*, et si les circonstances paraissent atténuantes les tribunaux sont autorisés à réduire l'emprisonnement même au dessous de six jours. » Puis passant aux crimes, il disait et il dit encore après les modifications de 1832 et de 1863 : «Les peines prononcées par *la Loi* contre celui ou ceux des accusés reconnus coupables en faveur de qui le jury aura déclaré les circonstances atténuantes seront modifiées ainsi qu'il suit. »

Depuis, la jurisprudence a très nettement distingué à ce point de vue entre les délits et les crimes. Elle a appliqué la théorie des circonstances atténuantes dans tous les cas de crimes et s'est refusée à le faire pour les délits nouveaux auxquels l'art. 363 n'a pas été étendu par un texte spécial (1). La jurisprudence a donc fait la distinction ; de la différence des termes elle conclut que le législateur de 1810 entendait donner aux expressions *la Loi, les Lois* un sens très général et qu'il employait l'expression le *présent Code* quand il entendait ne se préoccuper que de la loi qu'il faisait.

Ainsi, qu'on considère la lettre de l'art. 1er ou qu'on

1. Cass., 6 novembre 1862; Cass., 24 septembre 1888, S. 1870, 1, 42; 10 mai 1872, S. 1872, 1, 311. V. Garraud, *Précis de droit criminel.* no 278 et notes. Cass., 27 septembre 1832 Bull. cr. no 337.

cherche dans les autres articles du Code, l'intention du législateur, on est obligé de reconnaître qu'il voulait écrire en tête de son œuvre une règle générale qui devait dépasser les limites du Code et s'étendre aux lois à venir.

Ce fut jusque vers le milieu du siècle l'opinion de la jurisprudence. Elle s'appuyait sur la rédaction de l'art. 1er du Code pénal. Le 15 février 1843 (S. 1843, 1, 365) la cour de cassation, confirmant un arrêt de la Cour de Lyon relatif à une infraction à la loi du 21 avril 1810 sur les mines (1), disait :

« Attendu que la loi pénale reconnaît trois sortes d'infractions à ses dispositions : les contraventions, les délits et les crimes : qu'elle a attaché à chacune de ces infractions un genre de peine différent à l'aide duquel on peut les reconnaître et les distinguer ;

Attendu que tout fait qui entraîne une amende de quinze francs est un délit ;

Attendu que les matières spéciales sont régies par la loi générale, quand elles ne contiennent pas les dispositions qui y dérogent ».

Cette théorie n'était pas définitive. Des arrêts et des auteurs ont refusé de donner à l'art 1er une signification aussi large.

1. Les dispositions préliminaires, et le livre I du C. p. ont été promulgués le 22 février 1810.

Blanche (1) est très net. « Sans doute dit-il, l'art. 1er aurait pu être plus correctement rédigé, mais il n'est pas moins certain que dans la pensée de ceux qui l'écrivaient, il ne s'appliquait qu'aux infractions que le Code pénal allait défendre et punir ».

C'est là l'avis de Blanche pour l'art. 1er. Son avis est différent pour l'art. 66 relatif au mineur de seize ans qui a agi sans discernement. Il se demande si cet art. 66 doit être appliqué seulement aux infractions du Code pénal ou si on doit l'étendre « aux lois spéciales ». La jurisprudence qu'il cite est très divisée. Quant à lui, après avoir dit les difficultés de la question il conclut (2) : « J'estime donc que, sauf le cas où l'amende a le caractère d'une réparation civile (3), les mineurs de seize ans déclarés coupables d'infraction à une loi spéciale seront protégés par les art. 66 et suivants du Code pénal ».

Cette distinction entre l'art. 1er et l'art. 66 est arbitraire. Blanche n'explique pas et il y a une différence d'interprétation que rien ne justifie. Il y a une contradiction que M. Bertauld (4) et cependant de l'avis de Blanche sur l'étendue de l'art. 1er. « La définition, dit-il, d'une exactitude

1. Blanche : *Etudes pratiques sur le Code pénal*, t. I, p. 5,

2. *Loc. cit.* n° 353.

3. Cette question de l'amende considérée comme réparation civile sera étudiée plus loin (ch. IX),

4. Bertauld, *Cours de droit pénal*, 4e édit., p. 111 note 1. *Sic* Trébutien, *Cours de Droit criminel*, t. I, p. 75.

rigoureuse pour les infractions prévues par le code pénal comporte des exceptions pour certaines infractions que des lois spéciales punissent de peines correctionnelles. »

La doctrine entendait donc restreindre au seul Code pénal le rôle de l'art. 1er.

CHAPITRE II

CRÉATION ET HISTOIRE DES DÉLITS CONTRAVENTIONNELS.

Les conséquences de cette doctrine n'ont pas tardé à se faire sentir dans les arrêts. Substituant une nouvelle division à celle du Code, la jurisprudence a classé les infractions nouvelles punies de peines correctionnelles en deux catégories. Elle les a distinguées en infractions matérielles et en infractions nécessitant la mauvaise foi de l'agent. Ces dernières étaient des délits correctionnels ; une difficulté se présentait pour les autres. Ce n'était pas des délits, puisqu'elles ne supposaient pas l'intention criminelle ; ce n'était pas non plus des contraventions puisqu'elles étaient punies de peines correctionnelles. La jurisprudence n'a pu résoudre la difficulté qu'en appliquant à la fois à ces infractions certaines règles des délits et certaines règles des contraventions. Elle a ainsi créé implicitement, au mépris de l'art. 1er, une quatrième classe d'infractions auxquelles la doctrine a donné le nom de *délits contraventionnels* ou *contraventions-délits* (1).

1. Les lois postérieures au Code qui ont créé ces délits contra-

Cette nouvelle théorie peut se résumer ainsi : L'art. 1er contient une règle de compétence. Toute infraction de plus de quinze francs d'amende devra être jugée par les tribunaux correctionnels. La peine dicte la compétence. Son rôle s'arrête là. Pour le reste, c'est-à-dire pour l'application des règles de la complicité, du cumul, des délais de prescription, il faudra se guider seulement sur la nature intrinsèque de l'infraction.

C'est en matière de presse que s'est formée cette jurisprudence. Le premier arrêt date de 1850. Il est relatif à la loi du 27 juillet 1849. L'art. 23 de cette loi dit que l'art. 463 C. p. sera applicable seule-

ventionnels sont principalement :

a. Des lois édictées dans l'intérêt de la sécurité publique (Détention d'armes, fabrication et détention d'explosibles, lois sur la presse, le colportage, etc.)

b. Des lois édictées pour la protection du travail. (Lois sur le travail des enfants dans les manufactures, sur les appareils à vapeur servant à l'industrie, etc.)

c. Des lois édictées dans l'intérêt de la santé publique. (Industries incommodes ou insalubres, police sanitaire des animaux, exercice de la médecine et de la pharmacie, etc.)

d. Des lois ayant trait à la conservation des choses servant à l'intérêt général. (Lois sur la chasse, sur la pêche, sur les chemins de fer, etc.)

e. Des lois sur la propriété industrielle (Brevets, marques de fabrique).

f. Des lois fiscales (Douanes, octrois, contributions indirectes, postes et télégraphes, etc.)

V. Raoul Lajoye, *De la bonne foi dans les contraventions*, pages 39 et s.

ment « aux délits » qu'elle prévoit. La question se posait de savoir si on appliquerait également cet art. 463 aux infractions correctionnelles créées par cette loi, quoique qualifiées par elle de « contraventions. » Voici quelle était l'espèce : Un sieur Léonard Colin avait colporté des almanachs sans l'autorisation du Préfet. Cette infraction était punie de peines correctionnelles (1 mois à 6 mois d'emprisonnement et 25 à 500 francs d'amende. Art. 6 de la loi). Aux termes de l'article 1er du Code pénal c'était un délit. La Cour de Riom refusa cependant de lui appliquer l'art. 463 C. p. :

« Considérant qu'en la cause, la difficulté consisterait à rechercher si l'infraction imputée au colporteur Léonard Colin constitue d'après ces principes ou un délit ou une contravention susceptible ou non d'atténuation pour l'application de l'art. 463 C. p. ;

Mais, considérant que sur le caractère légal du fait en lui-même, nul doute n'est possible, puisqu'il s'agit d'infraction à la police du colportage de livres, infraction que le législateur signale et punit comme une contravention (1). »

La chambre criminelle n'admit pas tout d'abord cette doctrine.

« Attendu, disait-elle, le 2 mars 1850, que si les infrac-

1. Riom, 6 février 1850. D. 1852, 2, 71.

tions matérielles qui régissent la police de l'imprimerie, de la librairie et de la publication de journaux, participent des simples contraventions, en ce sens que pour les constituer, il n'est pas nécessairement besoin de rechercher l'intention coupable du contrevenant, et si par suite elles sont en dehors de la règle générale qui attribue au jury compétence pour les délits de la presse, *on ne peut cependant les soustraire à la dénomination générale et légale de délits, lorsqu'elles sont justiciables des tribunaux correctionnels et passibles de peines correctionnelles* (1). »

Cet arrêt conforme à l'art. 1er devait rester isolé. Deux mois plus tard, la Cour de Paris revenait à la théorie de la Cour de Riom. Un nommé Maquier libraire à Paris, avait publié sans nom d'imprimeur « un écrit accompagné de musique, intitulé : Histoire d'un arbre de la Liberté. La peine était correctionnelle (art. 23 de la loi de 1849) ; la Cour de Paris refusa cependant de traiter cette infraction comme un délit : « Considérant qu'il s'agit dans la cause de contraventions à l'égard desquelles la bonne foi ne peut être admise...

Que l'art. 23 de la loi du 27 juillet 1849 porte que l'art. 463 ne sera applicable qu'aux délits prévus par la dite loi (2).

1. Cass. 2 janvier 1850, D. 1850, 1, 94.
2. Paris, 28 juin 1850, D. 1850, 2, 198.

La Chambre criminelle ne sut pas résister à ce courant venu des Cours d'appel, elle adopta la nouvelle théorie par arrêt du 6 septembre 1851 intervenu sur une infraction à la loi du 16 juillet 1850 sur la presse.

La question fut portée plusieurs fois devant la Cour de Cassation qui la trancha définitivement par un arrêt solennel du 22 décembre 1859. Elle maintint en ces termes la jurisprudence que la Chambre criminelle devait adopter en 1851.

« Attendu que le Code pénal comprend dans son article 1er sous la dénomination de *délits*, les infractions que les lois punissent de peines correctionnelles, mais que cette définition générale se trouve modifiée par la législation spéciale en matière de presse ; que cette législation ne qualifie *délits* que les infractions admettant comme élément essentiel du fait imputé l'intention coupable de son auteur ;

« Qu'elle désigne sous le nom de *contraventions* les infractions dont la repression a toujours été confiée aux tribunaux correctionnels, qui sont punissables à raison de leur seule existence, sans qu'elles puissent être excusées en considération du plus ou moins de bonne foi des contrevenants ;

« Attendu que la raison de la loi se réunit à son texte pour en éclairer le sens ; qu'en effet l'art. 463 qui accorde aux juges la faculté de faire descendre la pénalité jusqu'à la mesure des peines de simple police, lorsque les circonstances paraissent atténuantes, a virtuellement refusé ce droit, lorsque les juges ont seulement à s'enquérir si la contravention existe, sans examiner les circonstances dans lesquelles l'infraction reconnue aux lois sur la police de la presse aura été commise. »

Cette jurisprudence devait durer jusqu'à ces dernières années.

De 1840 à 1859, sur cette question spéciale des délits-contraventionnels en matière de presse, elle avait été fort divisée. Les arrêts sur la matière peuvent être rangés en trois classes correspondant chacune à un système différent.

Le premier applique aux délits-contraventionnels toutes les règles des contraventions. Il leur refuse le bénéfice du non cumul et en général l'application des circonstances atténuantes.

En ce sens :

Riom, 6 février 1850, D. 1852, 2, 71. Douai, 26 avril 1853, D. 1853, 2, 153. Auxerre, 24 mai 1855, D. 1855, 3, 46. Paris, 6 mars 1858, D. 1858, 2, 103.

Le second système, tout aussi logique, mais complètement opposé au premier, applique aux délits-contraventionnels de presse toutes les règles des délits.

En ce sens :

Cass. 25 juillet 1839, S. 1839, 1, 964. Douai, 4 juin 1841, D. 1841, 2, 220. Cass. 8 mai 1852, S. 1852, 1, 767.

Cass. 26 juillet 1855, S. 1855, 1, 849. Montpellier, 28 janvier 1856, D. 1856, 2, 142. Cass. 20 mars 1862, S. 1862, 1, 902.

Le troisième est celui de la Cour de cassation qu'elle a confirmé en 1859 et qui est devenu celui de toute la jurisprudence jusqu'en 1883. En règle générale, on peut dire qu'il traite les délits contraventionnels comme des délits, en ce qu'il leur applique les règles de non cumul : Cass. 25 juillet 1839. D. 1839, 1, 365. Cass. 8 mars 1852, D. 1852, 1, 443. Cass. 26 juillet 1855, D. 1855, 1, 381, et comme des contraventions en ce qu'il ne leur applique pas l'art. 463 C. p. réservé par la loi de 1849 aux seuls « délits de presse » : Cass. 15 septembre 1854. D. 1854, 1, 375. Cass. 6 septembre 1855, D. 1855, 1, 375.

Tous les arrêts ne rentrent cependant pas dans ces trois systèmes. Certains jugements consacrent d'autres théories qui l'éloignent encore davantage de l'art. 1er du C. p. V. notamment :

Trib. correct. de Tonnerre, 30 mars 1855, D. 1855, 3, 46, et 22 janvier 1858, D. 1858, 2, 201.

C'est sous l'influence évidente de considérations politiques que cette jurisprudence en matière de presse s'est formée. Mais une fois adoptée, cette théorie des infractions tenant à la fois du délit et de la contravention a dépassé le domaine des délits de presse pour s'étendre aux infractions n'ayant aucun caractère politique.

Les tribunaux ont dès lors traité tous les délits-contraventionnels tantôt comme des délits, tantôt comme des contraventions. Pendant longtemps, alors qu'ils leur appliquaient, comme à des délits, le principe du non-cumul (1), ils refusaient de leur étendre, comme à des contraventions, les règles de la complicité (2).

La même contradiction se retrouve en matière de solidarité des amendes. L'art. 55 C. p. édicte la solidarité des amendes contre tous « les individus condamnés pour un même crime ou pour un même délit. » Que fallait-il décider pour les délits contraventionnels? La jurisprudence a fait des réponses diverses. Certains arrêts n'admettent pas la solidarité. En ce sens: Cass. 20 mars 1865, D. 65, 1, 225. Cass. 3 avril 1869, D. 69, 1, 529; S. 70, 1, 229. Rouen, 12 déc. 1872, D. 73, 1, 393.

D'autres arrêts décident au contraire que l'art. 55 écrit pour les délits doit s'étendre aux délits contraventionnels qui ressortissent comme eux de la juridiction correctionnelle.

En ce sens :

Cass. 5 décembre 1892, D, 72, 1. 432 ; S. 73, 1, 228.

Il serait facile de montrer, par d'autres exemples, les contradictions de la jurisprudence en cette matière de

1. V. 2e partie ch. II.
2. V. 2e partie ch. I.

1850 à 1883. La conséquence de son interprétation étroite de l'art. 1er a été l'arbitraire le plus dangereux, puisqu'à son gré le juge a pu pendant plus de trente ans appliquer aux délits contraventionnels tantôt les règles des délits, tantôt celles des contraventions, tantôt les unes et les autres.

Une jurisprudence récente revient à une interprétation plus exacte des textes. Elle dit que le rôle de l'art. 1er est de tracer une règle claire de compétence. Il est naturel, en effet, que l'examen des infractions frappées de peines sévères soit confié à des tribunaux plus élevés où les délinquants puissent trouver une plus grande garantie d'expérience et de savoir.

Suivant exactement le texte de l'art. 1er, elle décide que les délits contraventionnels étant punis de peines correctionnelles doivent être traités comme des délits, « attendu qu'aux termes de l'art. 1er du Code pénal les infractions punies de plus de 15 francs d'amende et de plus de cinq jours d'emprisonnement sont des délits ». Sic : Cass. 14 avril 1883. S, 1885, 1, 401. Cass. 23 février 1884. S, 1886, 1, 233. Cass. 28 février 1885. S, 1887, 1, 41. Cass. 22 avril 1887, S. 1888, 1, 397. Cass. 30 juillet 1887, S. 1888, 1, 235, Orléans, 8 novembre 1887, S. 1889, 2, 172. Bourges, 14 novembre 1889, S. 1890, 2, 33. Amiens, 21 novembre 1889, S. 1890, 2, 108.

La règle n'a pas seulement un intérêt au point de

vue de la compétence, elle doit servir pour l'application des règles du cumul, de la complicité et de la prescription.

Cette opinion est devenue aujourd'hui celle de la doctrine; c'est celle qu'on enseigne à l'Ecole. « Des lois spéciales ont prévu certaines infractions, les ont qualifié de contraventions et cependant leur ont infligé une peine correctionnelle. Il faut s'attacher à la peine ; ce sont des délits correctionnels (1) ».

1. M. Léveillé, à son cours.

CHAPITRE III

DE LA FORMULE « C'EST L'INTENTION QUI FAIT LE DÉLIT. »

L'erreur de la jurisprudence venait donc tout d'abord d'une fausse interprétation de l'art. 1er C. p.

La criterium sûr de l'art. 1er abandonné, il n'est resté pour faire la distinction des délits et des contraventions que la notion obscure de ce qu'on appelle « l'intention de nuire » ou « intention criminelle, » dont chaque auteur ou chaque arrêt donne une définition différente.

C'était là une seconde cause d'erreur. Pendant longtemps la doctrine et la jurisprudence ont été d'accord pour dire : Ce qui distingue le délit de la contravention, c'est l'intention. La mauvaise foi est-elle exigée par la loi pour l'accomplissement d'une infraction ? c'est un délit ; l'intention de l'agent est-elle indifférente ? c'est une contravention.

Voici d'ailleurs comment sont motivées ces décisions

§ I. — *Auteurs et jurisprudence.*

C'est d'abord Blanche qui dit : S'il s'agit d'un délit, le fait n'est punissable que « si au fait matériel se joint le fait intentionnel » ; tandis, au contraire, que s'il ne s'agit que d'une contravention, le fait est punissable dès que son existence physique est constatée, « quoique d'ailleurs il ait été exécuté de bonne foi et sans intention criminelle » (1).

C'est également la doctrine de Chauveau et Faustin Hélie :

« Une première règle, qui n'est que l'expression du caractère commun de toutes les contraventions, est qu'elles sont constituées par le seul fait matériel de la désobéissance aux prescriptions ou de la négligence à les suivre, indépendamment de toute intention criminelle, de toute volonté malveillante. C'est là la différence radicale qui sépare le délit intentionnel de la contravention. Le délit n'existe pas par le seul fait matériel ; son élément essentiel est l'intention de nuire. Si cette intention coupable n'a pas dirigé l'agent, le fait n'est plus un délit : il cesse d'être punissable à ce titre. La contravention, au contraire, saisit le fait matériel, en faisant une complète

(1) Blanche, *op. cit.* t. I, page 1-7, n° 4.

abstraction de la pensée qui a pu l'animer ; elle ne s'attache qu'à ce fait en lui même ; elle suppose qu'il est le résultat d'une négligence, d'une erreur, d'un oubli, de l'ignorance. Elle le punit néanmoins, car le fait commis par ignorance peut nuire, car la peine a précisément pour objet de punir la négligence, l'oubli, l'ignorance même. Ainsi la loi de police ne recherche et ne voit que l'acte lui-même ; elle le punit dès qu'elle le constate ; elle ne s'inquiète ni de ses causes ni de la volonté qui l'a dirigée. La contravention est toute matérielle.» (1). Et plus loin :

« La bonne foi du contrevenant et l'absence de toute intention de nuire ne peuvent effacer la contravention, puisque l'intention de l'agent n'est pas un élément de cette contravention... La loi ne recherche pas la cause des contraventions, ces contraventions n'admettent donc pas d'excuse. Qu'importe que le contrevenant prétende n'avoir pas eu la volonté de commettre la contravention, si la volonté n'est pas incriminée ? » (2).

Boitard est aussi absolu : « En matière de crime et de délit, l'intention coupable est un élément nécessaire de la criminalité, c'est-à-dire du crime ou du délit.. En matière de contravention matérielle ni l'oubli, ni l'erreur, ni l'ignorance même ne sont une excuse. Il importe peu que

1. Chauveau et Faustin Hélie. *Théorie du Code pénal*, t. VI, n° 2719.
2. Chauv. et Faust. Hélie, *op. cit.* n° 2721.

la contravention provienne de telle ou telle cause ; elle est toute matérielle. De là il suit que le contrevenant ne peut alléguer aucune excuse, même la bonne foi.. » (1).

Ces citations pourraient être multipliées. La doctrine était à peu près unanime.

La jurisprudence faisait les mêmes distinctions. Dans un arrêt du 5 juin 1857, la cour de Toulouse dit en effet, parlant de la bonne foi d'une inculpée : « Que celle-ci l'invoquerait en vain si son acte constituait une contravention, puisque *l'intention ne peut en ce cas être recherchée* quand le fait est constant et volontaire, mais qu'il en est autrement si le fait doit être qualifié délit, *puisque la pensée coupable qui a animé son auteur en est un des éléments essentiels.* »

La Cour de Cassation répétait le 17 juillet 1857 « qu'il est de règle que *l'intention coupable doit accompagner le fait incriminé comme délit* pour le rendre passible de la peine » (3).

Dans le même sens : Cass. 12 avril 1845, Cass. 16 juin 1848, Cass. 9 décembre 1859, en matière de délit de chasse (loi du 3 mai 1844). — Cass. 11 août 1860, D. 1860, 1, 420 (aff. Chevalier). Cass. 17 et 18 janvier 1867, S. 1867, 1, 365. Cass. 3 avril 1869, S. 1870, 1, 229 et renvois en matière de presse ;

1. Boitard. *Leçon de Droit criminel.*
2. Cr. 17 juillet 1857. D. 1857, 1, 381.

Voir aussi :

Cass. 2 mai 1873, S. 1873, 1, 342 et renvois. Cass. 14 janvier 1875, S. 1875, 1, 139. Cass. 11 février 1876, S. 1876, 1, 233. Cass. 1 décembre 1877, S. 1878, 1, 330 et renvois (1).

Cette jurisprudence est ainsi résumée dans le répertoire alphabétique de Dalloz : « La nécessité d'assurer l'exécution des obligations imposées aux citoyens dans un intérêt d'ordre ou de sûreté a fait élever au rang des délits un grand nombre d'infractions qui présentent le caractère de contraventions en ce que *le fait matériel suffit à les constituer*. Malgré l'assimilation aux délits qui dérive de la peine applicable, ces infractions conservent le caractère de contravention *en ce que le défaut d'intention ne les fait pas excuser* (2).

C'était donc une opinion très arrêtée dans la doctrine et dans la jurisprudence. Elle se formulait ainsi : *Il n'y a point de délit sans intention* ou *C'est l'intention qui fait le délit*.

Cette théorie n'est nulle part consacrée par la loi. Il n'y

1. Pour le recouvrement de la taxe sur les chevaux et voitures, il a été également jugé, conformément à la jurisprudence qui a prévalu en matière fiscale, qu'un contribuable ne peut à raison de sa bonne foi être relevé par le conseil de préfecture de la double taxe qu'il a encourue pour infraction à la loi du 2 juillet 1862 (Conseil d'Etat 21 avril 1862. D. 1864, 3, 38. aff. Gourlain Delattre et aff. Schmidt).

2. Dalloz, Répert. alphab. *Volonté* n° 106.

a pas de texte qui puisse faire supposer que le législateur ait voulu faire une pareille distinction.

Les auteurs du Code disent : Tout fait puni de peines correctionnelles est un délit. C'est là la définition du délit et il n'y en a pas d'autres ; dire « à condition qu'il ait été commis avec l'intention de nuire, » c'est ajouter à la loi et c'est modifier une définition que le législateur avait seul le droit de faire.

Il y a d'ailleurs dans le Code pénal même de nombreuses infractions correctionnelles où la question d'intention ne se pose pas : il y a de même des infractions de police qui supposent cette intention frauduleuse.

§ 2. — *Délits et crimes non intentionnels prévus par le Code pénal.*

La formule « pas de délit sans intention » est fausse, puisque le Code pénal lui-même prévoit des infractions correctionnelles qui ne supposent pas l'intention de nuire.

Ce sont notamment:

1° La rupture de ban (article 44, C. p.), aujourd'hui devenue l'infraction à l'interdiction de séjour (article 19 de la loi du 27 mai 1885 sur la relégation des récidivistes d'habitude).

Cass. 18 octobre 1845. — Poitiers 13 septembre 1858.

2° Le cas où l'officier de l'état-civil écrit un acte sur une feuille volante (article 192, C. p.).

3° Le cas où, sans collusion, un officier de l'état-civil ne se sera pas assuré du consentement des père et mère pour le mariage de leur enfant (article 193, C. p.).

4° Le cas où, sans collusion, l'officier de l'état-civil aura reçu l'acte de mariage d'une veuve pendant le temps de viduité (article 194, C. p.).

5° Le cas où un ministre du culte a procédé à la célébration du mariage religieux sans justification du mariage civil (article 199, C. p.) (1).

6° Le cas où un ministre du culte entretient avec une puissance étrangère et sans autorisation du ministre compétent, une correspondance religieuse (Article 207, C. p.) (2).

7° Le cas où par négligence un gardien laisse échapper un détenu (Article 237 et s. C. p.) (3).

1. L'article 200, C. p., qui punit la récidive, emploie même pour qualifier cette infraction le mot de *contravention*. « En cas de nouvelles *contraventions* de l'espèce exprimée en l'article ci-dessus. »

2. La matérialité de l'infraction est indiquée dans le texte : « Tout ministre d'un culte qui aura.... sera *pour ce seul fait* puni d'une amende de 100 à 500 francs et d'un emprisonnement d'un mois à deux ans. »

3. L'article 238 a bien soin de distinguer et de punir de peines différentes le cas où il y a simple « négligence » et le cas où il y a « connivence » de la part du gardien.

8° Le vagabondage (Article 269, C. p.).

9° La mendicité (Article 274, C. p.) (1).

10° Les cas de fabrication, vente, détention et port de poudres et d'armes de guerre (2) (Article 314, C. p. Loi du 24 mars 1834. Article 3 de la loi du 27 février 1858. — Cass. 26 mars 1835. Bordeaux 1er février 1837, Cass. 25 juin 1840. Cass. 12 mars 1852).

11° L'homicide et les blessures par imprudence (Articles 319, 320, C. p.) (3).

12° Le fait de procéder sans autorisation à une inhumation ou de contrevenir aux règlements sur la matière (4). (Article 358, C. p.).

1. Le défaut d'intention de nuire, le besoin, l'absence de ressources doivent évidemment atténuer ces deux délits, mais elles ne sauraient les effacer, puisqu'ils sont ordinairement causés par l'indigence. (P. le vagabondage, Cass. 21 mars 1823). En fait le Parquet de la Seine (service du Petit Parquet) ne poursuit presque jamais pour ces deux délits à la première arrestation. Il envoie les inculpés dans un asile (Nanterre ou asiles de nuit).

2. L'article 314, p. 1 punit bien le fait matériel ; de même le paragraphe 2 : « Celui qui sera porteur des dites armes. » Le paragraphe 3 a d'ailleurs soin de distinguer ces deux cas du cas « de complicité de crime. »

3. Art. 319 : « quiconque par *maladresse, imprudence, inattention, négligence ou inobservation des règlements* aura commis *involontairement* un homicide... »

4. Art. 358, 2° « La même peine aura lieu contre ceux qui auront *contrevenu de quelque manière que ce soit* à la loi et aux règlements relatifs aux inhumations précipitées. »

13° Les infractions aux lois et règlements sur les jeux, la tenue de maisons de jeux de hasard, sur les loteries et la tenue de maisons de prêts sur gages(1). (Articles 410, 411 C. p. — Loi du 31 mai 1836).

14° Le cas où « des propriétaires ou fermiers jouissant de moulins, usines ou étangs, qui par l'élévation du déversoir de leurs eaux au dessus de la hauteur déterminée par l'autorité compétente, auront inondé les chemins ou les propriétés d'autrui » (article 457 C. p.)

15° L'incendie par imprudence (article 458 C. p.)

16° La détention, la communication d'animaux infectés avec d'autres (2). (Article 459. C p. et s. abrogés par l'article 41 de la loi du 21 juillet 1881 sur la police sanitaire des animaux (3).

Jugé que cette infraction étant une simple contravention le prévenu ne peut être renvoyé des poursuites à raison de sa bonne foi. (Cass. 26 mai 1855).

1. Il est très certain qu'en général les personnes qui tiennent des maisons de jeux ont en vue un bénéfice illicite, mais cette circonstance n'est pas nécessaire à la perfection de l'infraction. Ce sont des contraventions dont la criminalité n'est pas subordonnée à l'intention plus ou moins frauduleuse de celui qui les commet : *Sic* : Cass. 5 octobre 1813, 15 novembre 1839, 31 mai 1840.

2. L'art. 462 parlant des art. 379 à 461 contenus dans le chapitre 2 du Titre II (Crimes et délits contre les propriétés) donne cependant à ces infractions le nom de délits ; il parle en effet « des délits de police correctionnelle contenus dans le présent chapitre ».

3. On peut ajouter à cette liste d'autres infractions correctionnelles qui ont souvent le caractère de contraventions matérielles. Ce sont par exemple :

On trouve même dans le Code pénal des crimes pour l'accomplissement desquels le législateur n'exige pas l'intention de nuire. Ces crimes sont prévus par :

1° L'art. 33 qui frappe de la détention sur la seule preuve de son identité le banni qui rentre en France.

2° L'art. 229 qui punit du bannissement l'infraction à une interdiction de séjour spéciale, applicable aux individus qui ont frappé un magistrat dans l'exercice de ses fonctions.

3° L'art. 430 qui punit de la réclusion les fournisseurs des armées qui « sans y avoir été contraints par une force majeure, auront fait manquer le service dont ils sont chargés (1) ».

a. Le délit du fonctionnaire qui s'ingère dans des affaires de commerce incompatibles avec sa qualité (art. 176 C. p).

L'opposition entre l'hypothèse de l'art. 175 où le fonctionnaire « aura reçu quelque intérêt dans les actes, entreprises ou adjudications dont il avait l'administration ou la surveillance » et l'hypothèse de l'art. 176 où c'est un fonctionnaire qui fait un acte ordinaire de commerce, peut bien permettre de supposer que cette seconde infraction est indépendante de la bonne foi.

b. Le cas d'immixtion sans titres dans des fonctions publiques (art. 258 C. p.)

c. Le port illégal de décoration ou de costume (art. 259 C. p.)

1. L'art. 430 prévoit *in fine* le cas de complicité avec l'ennemi.

§ 3. — *Contraventions intentionnelles prévues par le Code*

La formule « C'est l'intention qui fait le délit, » est inexacte aussi à un autre point de vue. Si les peines correctionnelles sont généralement attachées aux infractions qui supposent chez leurs auteurs les mobiles les plus bas, il n'est pas vrai de dire que l'intention mauvaise est toujours frappée d'une peine correctionnelle. Le code pénal lui-même offre des exemples d'infractions de police qui supposent nécessairement la mauvaise foi de leurs auteurs. Ces contraventions sont prévues par les articles suivants :

Art. 471 :

§ 5. Refus d'exécuter les réglements de l'autorité administrative (1).

§ 9. — Fruit d'autrui cueilli et mangé sur place.

§ 10. — Glanage et grapillage avant l'enlèvement de la récolte.

§ 11. — Injures autres que celles prévues par les art. 367 à 378.

Art. 475:

§ 7. — Cas où des personnes excitent des chiens qui attaquent ou poursuivent les passants.

1. Les paragraphes précédents de l'art. 471 parlent de négligence ;le refus du par. 5 est un acte volontaire et réfléchi.

§ 8. — Cas où des personnes « auraient volontairement » jeté des corps durs ou des immondices sur d'autres personnes.

§ 11. — Refus de recevoir les monnaies ayant cours.

§ 12. — Refus de prêter le secours requis en cas d'inondation, d'incendie ou d'autres calamités publiques.

§ 15. — Maraudage (1).

Art. 479.

§ 1. — Dommage « volontaire » causé à la propriété d'autrui.

§ 7. — Punissant ceux qui font métier de deviner ou d'expliquer les songes.

§ 8. — Punissant « les auteurs ou complices des bruits ou tapage injurieux ou nocturnes, troublant la tranquillité des habitants. »

§ 9. — Enlèvement « méchamment » fait d'affiches apposées par ordre de l'administration (2).

§ 11. — Dégradation ou détérioration des chemins publics.

§ 12. — Enlèvement sans autorisation des gazons,

1. Le maraudage qui est une espèce de vol n'est pas punissable si au fait matériel ne se joint pas l'intention de s'approprier frauduleusement un objet appartenant à autrui (Cass. 14 mai 1868).

2. Le défaut d'intention malveillante de la part de celui qui a enlevé des affiches apposées par ordre de l'autorité peut motiver son acquittement. (Cass. 9 février 1856).

terres ou pierres dans des lieux appartenant aux communes.

L'intention malveillante est un élément nécessaire de ces contraventions que la loi punit de peines de police. Il n'est donc pas exact de dire que cette intention distingue le délit de la contravention.

Cette idée commence à se faire jour dans la jurisprudence. Voici un arrêt de 1887 qui adopte cette nouvelle théorie :

« Attendu qu'en effet les délits ne supposent pas nécessairement chez ceux qui les commettent une intention criminelle et que d'autre part cet élément est une condition constitutive de certaines contraventions de police; qu'il y a donc lieu de reconnaître, conformément aux termes de l'art. 1er du C. p., que c'est exclusivement la nature et l'élévation de la pénalité dont est passible le fait réprimé par la loi, qui détermine la catégorie juridique à laquelle il appartient (1) ».

§ 4. — *Notion de l'ordre public.*

Il est vrai qu'en général la peine la plus forte frappe les infractions les plus immorales; la raison en est que

1. Cass. 30 juillet 1887, S. 1888, 1, 237.

les infractions les plus immorales sont presque toujours les plus dangereuses. L'ordre public dicte la gravité de la peine. Pour assurer cet ordre public, la loi est obligée de frapper, et quelquefois de peines très dures, des infractions qui ne touchent en rien à la moralité de leurs auteurs mais qui font cependant courir à la société un danger. La peine est souvent bien plus calculée sur le péril que l'infraction fait courir à l'ordre public que sur les mobiles qui ont poussé le délinquant à le commettre.

La loi du 21 juillet 1881 sur la police sanitaire des animaux punit des peines correctionnelles (1) l'entrepreneur de transports qui a négligé de désinfecter son matériel. Cet oubli n'engage en rien sa moralité, il ne met en cause que son mérite professionnel ; la loi punit cependant cette omission, parce que la santé publique exige que le matériel roulant ne porte pas d'un lieu à un autre les germes de maladies infectieuses. Le législateur a pensé que la crainte d'une condamnation assez élevée obligerait les intéressés à plus d'attention. Il s'agit d'un délit correctionnel et cependant la loi ne frappe pas ici l'intention de nuire. Le ministère public n'aura pas à prouver que l'entrepreneur de transports a laissé les wagons et les fourgons infectés dans le but de répandre encore la maladie. Cette intention serait diffi-

1. 100 francs à 1000 francs d'amende (art. 33).

cile à établir et si elle était prouvée elle appellerait un tout autre châtiment. La loi ne punit ici que l'imprudence ou la négligence. Cette négligence commise, la responsabilité pénale de l'entrepreneur est engagée ; le délit est complet.

Les conséquences de ce délit vont-elles avoir une influence sur la peine ? Il faudra distinguer.

Pour les délits qu'on a appelés délits-intentionnels et qui supposent la volonté arrêtée de commettre une infraction pour en tirer profit, les conséquences n'auront aucun effet sur la peine. Cela est vrai du vol. En droit, le vol est puni de la même peine, quelle que soit la situation nouvelle qu'il fait au volé. Le vol lui a-t-il seulement causé un léger appauvrissement ou le réduit-il à l'indigence ? Le juge se le demandera peut-être, la loi ne veut pas le savoir ; elle se préoccupe surtout du voleur. La peine du vol a bien plus que d'autres le caractère d'un châtiment.

Dans la matière des délits contraventionnels, au contraire, la peine a surtout un but d'intimidation ; elle est beaucoup plus qu'une punition, un avertissement, elle a pour but d'obliger le public à apprendre et à observer les règlements établis dans son propre intérêt.

Cette notion de l'ordre public a une telle importance dans la matière des délits contraventionnels qu'il y a des cas où le même délit est puni d'une peine plus ou moins forte suivant le trouble qu'il a apporté à l'ordre social. La peine varie alors avec les conséquences de l'acte sans qu'on ait à rechercher si la volonté de l'auteur a varié en même temps. C'est ainsi notamment que l'art. 33 de la loi du 21 juillet 1881 qui punit la non désinfection du matériel d'une amende de 100 à 1000 francs porte la peine à « six jours à deux mois d'emprisonnement s'il est résulté de cette infraction une contagion parmi les autres animaux ».

De même l'article 457 C. p. punit d'une amende « les propriétaires ou fermiers qui, par l'élévation du déversoir de leurs eaux, » auront inondé les chemins ou les propriétés d'autrui.

Le paragraphe 2 ajoute : « S'il est résulté du fait quelques dégradations, la peine sera, outre l'amende, un emprisonnement de six jours à un mois ».

Dans ces deux hypothèses, l'auteur n'est pas plus coupable dans le second cas que dans le premier ; la peine cependant augmente ; quelle raison de cette augmentation sinon que dans le second cas l'ordre public a été plus vivement atteint, plus compromis que dans le premier ? Il en est de même pour certains crimes que la théorie appelle « crimes impossibles » et que cependant la pratique traite souvent comme des infractions punissables. Ils réunissent toutes les conditions d'un délit, sauf une, le trouble social.

Tout acte qui ne fait pas courir à l'ordre public un danger peut être déclaré coupable par la loi morale ou par la loi religieuse, il ne saurait en aucun cas être classé au nombre des délits dont la répression est confiée à ceux qui ont l'exercice de l'action publique. Il y a, par contre, des faits nombreux permis par la loi morale ou par la loi religieuse qui cependant, dans l'intérêt général, doivent être interdits par la loi pénale. Les délits contraventionnels appartiennent presque tous à cette seconde catégorie.

On a trop oublié cette idée dans l'étude de ces délits que le Code de 1810 connaissait à peine et qui devaient, dès sa promulgation tenir une si grande place dans les préoccupations du législateur et du juge. Il faut renoncer à la théorie obscure de « l'intention de nuire ». Les progrès de la science et de l'industrie ont nécessité des réglementations qui ne s'accordent plus avec la formule facile « c'est l'intention qui fait le délit ». Les auteurs et la jurisprudence sentent le besoin d'une théorie nouvelle. Elle est dans une conciliation des nécessités de l'ordre public et de la liberté, ou pour mieux dire de la volonté humaine sans laquelle il n'y a ni crime, ni délit, ni contravention.

CHAPITRE IV.

DE LA FAUTE PÉNALE.

Cette conciliation de l'idée d'ordre public et de la volonté humaine a été souvent tentée. La jurisprudence, qui est entrée depuis quelques années dans une voie nouvelle plus conforme aux principes, a longtemps hésité entre différents systèmes successivement repoussés.

Un de ces systèmes mérite un examen spécial.

§ 1. — « *Nul n'est censé ignorer la loi.* »

Dans son « Traité de la criminalité, de la pénalité et de la responsabilité », M. Le Sellyer a émis une théorie qu'il a soutenue depuis (1) et qu'il a fait partager à certains auteurs.

Il dit que la nécessité de la répression a fait établir l'adage « nul n'est censé ignorer la loi ». Cette formule

1. *France judiciaire*, 1877, t. I, Ire partie page, 111.

signifie que l'ignorance du droit n'est pas une cause d'excuse et que l'ignorance du fait peut seule dans certains cas effacer la culpabilité. Est-ce à dire que jamais l'ignorance du droit ne pourra excuser ou effacer l'infraction? Non, dit M. Le Sellyer. La connaissance de la loi est seulement une présomption. Le ministère public qui doit, dans ses conclusions écrites ou verbales, faire la preuve que l'inculpé a commis le délit, preuve du fait, n'aura pas à prouver que l'inculpé savait qu'il commettait une infraction à la loi pénale. Cette connaissance de la loi est présumée. Mais si le fait une fois établi, l'inculpé demande à combattre la présomption, il le peut, et s'il prouve suffisamment aux yeux du juge qu'il n'avait pas connaissance de la loi qu'il a violée, il doit être absous, car il n'a pas sciemment enfreint la loi pénale. La présomption peut donc être combattue par la preuve contraire ou pour employer des expressions d'école, la formule « nul n'est censé ignorer la loi » est une présomption *juris tantum* et non une présomption *juris et de jure*. « Celui qui contrevient à une loi qu'il ignore, ne peut être coupable. »

Cette théorie, qui a été un moment celle de la Cour de cassation, est aujourd'hui abandonnée par la jurisprudence et par la presque unanimité des auteurs. La Cour suprême l'a définitivement condamnée par un arrêt solennel du 17 juillet 1839.

Cette latitude laissée au prévenu aurait évidemment

pour résultat d'encourager la fraude et de favoriser l'arbitraire. Sans doute il paraît injuste de condamner un individu qui a agi de bonne foi dans son ignorance naïve de la loi ; cette circonstance sera en fait une cause d'atténuation de la peine, elle ne saurait l'empêcher.

Cette doctrine aujourd'hui indiscutée est certainement fort rigoureuse, mais elle est incontestablement la seule qui puisse assurer la répression. Les nécessités de l'ordre public exigent que la présomption « nul n'est censé ignorer la loi » soit inébranlable. La liberté de chacun est bornée par la liberté de tous. C'est à chaque citoyen de connaître les devoirs que la loi lui impose en retour des droits qu'elle lui assure et dont en général il connaît mieux l'étendue.

§ 2. — *De l'Intention et de la volonté.*

L'ignorance de la loi ne suffit pas à excuser les délinquants ; c'est là un point acquis. La part de l'ordre public faite, il convient de rechercher la part de volonté nécessaire à la perfection du délit.

La recherche de cet élément a donné lieu à des résultats contradictoires dans la jurisprudence et dans la doctrine. Au point de vue de l'intention de l'agent, on a généralement classé les délits contraventionnels dans la catégorie des contraventions.

Cette intention, qu'on appelle tantôt *intention frauduleuse*, tantôt *intention criminelle*, tantôt *intention de nuire*, ne doit pas servir à distinguer le délit de la contravention. La différence n'est pas aussi tranchée entre les deux. Il y a un élément commun à toutes les infractions dont le principe reste le même, dont le degré varie seul avec chacune. C'est cet élément qu'il faut dégager (1).

La loi se montre à son sujet plus ou moins rigoureuse, mais il n'y a point sans lui d'infraction pénale.

En disant que le vol suppose l'intention criminelle, on veut exprimer que le voleur n'est punissable que s'il a eu la volonté réfléchie de s'approprier une chose qu'il savait appartenir à autrui. C'est là l'intention criminelle, il n'y a pas sans elle de vol. Une personne emporte un jour de chez un de ses amis un objet qu'elle croyait lui avoir prêté et qu'elle reprend sans rien dire parce qu'on tarde trop à le lui rendre. Elle s'est trompée, l'objet ne lui appartenait pas ; l'erreur découverte, on la poursuit. Y a-t-il un vol ? Non. Si l'erreur ou comme on dit la bonne foi est démontrée, il n'y a pas de condamnation pénale possible. Le prévenu a bien eu la *volonté* d'emporter le livre, il n'a pas eu l'*intention* de se l'approprier. Or il n'est pas douteux que pour le vol le Code exige cette intention.

1. M. Laborde, *Revue critique*. 1885, t. 52, page 256, l'appelle *l'élément moral* ; cette qualification a le tort de rendre possible la confusion entre deux domaines distincts, le domaine de la loi morale et celui de la loi pénale.

De même un collectionneur, pour marquer dans sa vitrine la place d'une médaille, colore en or une pièce de billon puis, pas pure inadvertance en paie un fournisseur. Il n'y a pas là le crime de fabrication ou d'émission de fausse monnaie : sans doute ce collectionneur a eu la *volonté* réfléchie de donner à une pièce de bronze l'apparence d'une pièce d'or, mais en le faisant il n'avait pas *l'intention* de tirer un profit de son acte.

Les infractions matérielles n'admettent pas la même distinction.

Un terrassier a fait sur la voie publique un puits et il ne l'a pas signalé par une lanterne. S'il a voulu ainsi tendre un piège à un passant dont il voulait se venger, il a commis une infraction grave à la loi morale et à la loi pénale. Il s'est rendu coupable d'un crime. S'il a simplement oublié d'éclairer, par insouciance, il a encore commis une infraction, mais plus légère, qui le rendra passible seulement des peines de simple police.

Il est punissable non parce qu'il a eu *l'intention* de commettre un acte nuisible, mais parce qu'il n'a pas observé un règlement auquel il devait se conformer. La loi punit ici non pas un acte positif, mais une négligence, un oubli.

L'intention criminelle consiste dans la conscience de l'illégalité de l'acte que l'on commet acccompagnée de la volonté de l'accomplir et d'en profiter. Il importe peu que le profit ne soit pas appréciable en argent et ne procure pas un enrichissement au coupable. C'est tirer profit de son acte que de le commettre dans le seul but de satisfaire un désir ou une passion. La bigamie, l'adultère et d'une façon générale les crimes passionnels, ne procurent pas nécessairement un enrichissement pécuniaire, mais la réalisation d'un désir ou d'un sentiment de vengeance que la loi juge suffisamment coupable. Savoir qu'on viole une loi lorsqu'on est libre de ne pas l'enfreindre, dans le but de tirer de cette infraction une satisfaction ou un enrichissement, voilà donc en quoi consiste l'intention frauduleuse.

La *faute* consiste dans l'oubli d'un acte commandé par la loi ou dans l'accomplissement d'un acte défendu, si cet acte ou cette abstention a été libre, en dehors de toute contrainte.

Toute infraction pénale suppose une faute. Dans les infractions dangereuses ou immorales, cette faute sera une faute lourde, un dol, ce qu'on a appelé l'intention de nuire ; dans les infractions de moindre gravité, il suffira d'une faute légère ou très légère que le juge aura à apprécier d'après les termes de la loi.

L'oubli de cette nécessité de la faute conduit quelquefois les tribunaux à des décisions rigoureuses.

Une loi du 11 juin 1885 interdit « la fabrication, la vente et la distribution de tous imprimés ou formules qui par leur forme extérieure présentent avec les billets de banque une ressemblance de nature à faciliter l'acceptation desdits imprimés aux lieu et place des valeurs acceptées ». Le 15 janvier 1891, un sieur Schlumberger, chimiste, fit paraître dans le *Moniteur industriel* trois vignettes imitant le billet de la Banque de France. Poursuivi, il déclara qu'il avait fait cette publication pour bien montrer à la Banque de France que ses billets pouvaient être facilement imités et pour la pousser à chercher un nouveau modèle. Son acte était complétement désintéressé. Le 20 mars 1891 (1), le tribunal de la Seine déclara que le délit créé par la loi de 1885 était bien un délit intentionnel, mais que l'intention de la loi de 1885 était toute spéciale : « attendu qu'il faut conclure (des travaux préparatoires) que l'intention punissable dont parle le législateur est non pas l'intention criminelle de contrefaçon, non pas l'intention frauduleuse de commettre ou de rendre possible une escroquerie, non pas même l'intention suspecte de faire une plaisanterie, mais l'*intention voulue et réfléchie d'imiter le billet de banque ou tout autre valeur fiduciaire*. Le tribunal reconnaissait d'ailleurs que Schlumberger n'avait agi « ni dans un but de réclame industrielle, ni dans un but d'escroquerie. »

A ces motifs, la Cour de Paris (13 mai 1891), ajouta que

1. *Trib. de la Seine*, 26 mars 1891; S. 1892,2,87.— *Gazette des tribunaux*, n[os] des 20 et 27 mars 1891.

la généralité des termes de l'art. 1er de la loi ne permettait aucune distinction et que le fait matériel constituait le délit.

Ce motif est beaucoup plus juridique et bien plus frappant que les motifs peut-être un peu confus du tribunal. L'arrêt donne ainsi au délit de la loi de 1885 un caractère purement contraventionnel ; c'est un délit matériel. Cette solution est nette ; elle est contestable, car même en matière d'infractions matérielles l'élément de faute ne peut être négligé. Il ne peut y avoir de culpabilité pénale sans faute ; c'est là, à considérer l'étymologie un pléonasme ; c'est une règle élémentaire de justice. Aux tribunaux de dire si le fait seul de désobéir à une loi constitue une faute suffisante ; la réponse variera avec chaque loi. Dans l'espèce actuelle, le tribunal de la Seine et la Cour de Paris n'ont peut-être pas considéré suffisamment que cette désobéissance pourrait être excusée par le mobile de l'auteur qui avait agi dans un but scientifique.

§ 3. — *Il n'y a pas d'infraction pénale sans faute*

S'inspirant de cette idée que certaines contraventions ou certains délits prévus ou non par le Code pénal sont punissables sans qu'une intention frauduleuse les ait dictés, des auteurs ont décidé que ces infractions devraient être punies dans tous les cas, dès qu'elles ont été commises sans qu'on ait à rechercher les circonstances qui l'ont amenée et si l'auteur a une faute quelconque à se reprocher. Cette doctrine est insoutenable. Le châtiment ne peut s'expliquer sans une faute. C'est là une règle de raison avant d'être un principe de droit.

La jurisprudence l'a cependant quelquefois méconnue.

L'arrêté des Consuls du 27 prairial an XI donne à l'administration des postes le monopole du transport des lettres ; tout particulier qui transporte une lettre commet une infraction punie de 150 à 300 francs d'amende (A. 5) Un particulier remet à un voiturier une caisse qui contient au milieu des marchandises une lettre. Le voiturier qui transporte beaucoup de colis n'a pas le temps matériel de les visiter. L'expéditeur est le véritable coupable, c'est cependant le voiturier qui est puni. De même si un expéditeur a mis dans un colis du gibier, pendant le temps prohibé, c'est le voiturier que les tribunaux punissent. La jurisprudence est en ce sens. Pour l'infraction à l'arrêté de l'an XI elle se fonde sur les termes de cet arrêté qui parle de contravention et sur la règle que les contraventions sont matérielles (1).

1. Dalloz Rep. alph. Postes n°s 74 et 75. V. également Jugement du tribunal d'Avranches 28 mai 1873 (La Loi 18 sept. 1885 et

Ces deux raisons ne sauraient être admises. D'abord on ne peut pas qualifier de contravention une infraction punie de plus de 15 francs d'amende ; c'est là la première erreur ; de plus il n'y a aucune faute à reprocher au voiturier.

Il est vrai qu'une jurisprudence constante fonde la responsabilité du voiturier en cas d'avaries sur son obligation de vérifier le contenu des colis. C'est le motif de sa responsabilité civile ; cette obligation ne saurait servir de fondement à une resposabilité pénale.

Il y a lieu, en effet, de distinguer la faute pénale de la faute civile. Cette distinction est souvent faite dans les arrêts des cours d'assises et se présente surtout en matière de coups et blessures pour imprudence. Malgré la réponse négative du jury qui l'oblige à acquitter l'accusé, la cour a le droit d'accorder à la partie civile des dommages-intérêts (2).

Le jury ne répond pas sur un fait purement matériel, souvent déjà prouvé ou avoué, il répond à une question

commentaire). Un employé d'une gare d'expédition avait mentionné par erreur sous le nom de « chandelle » une « chandelle composée » assimilée par l'octroi à la bougie. C'est le domestique du destinataire qui quoique parfaitement ignorant de la méprise, et étranger à la faute est condamné à 100 francs d'amende.

1. Cass. 17 mars 1874. D. 1874,1,399 et renois. Cass. 16 mai 1887. D.1887,1,165 et note. Cass. février 7 v1888. D. 1888,1,290 cité plus loin.

de culpabilité pénale. Il a à juger une imprudence et à dire si elle mérite une peine ; sa réponse négative signifie que la faute n'est pas de celles qui peuvent entraîner une condamnation pénale, mais qu'elle est suffisante pour entraîner une réparation civile ; il n'y a pas là de contradiction. La nature de la faute n'est pas la même dans les deux cas.

Cette distinction, toujours délicate, est plus facile quand il s'agit de blessures volontaires. En voici un exemple (1) : Le 30 janvier 1885, le sieur Maubert comparaissait devant la Cour d'assises des Alpes-Maritimes sous l'inculpation d'homicide volontaire sur la personne du sieur Chaupin. Aux deux questions « Maubert est-il coupable d'avoir le 15 novembre 1884 à Pégonas, *volontairement* porté un coup et fait une blessure à Chaupin ? Ce coup a-t-il été porté et cette blessure a-t-elle été faite avec l'*intention* de donner la mort ? » le jury répondit négativement. Maubert fut acquitté, mais la Cour le condamna à payer à la veuve Chaupin une somme de 30,000 francs à titre de dommages-intérêts, « attendu, disait-elle, qu'il était l'auteur d'une blessure qui a occasionné la mort de Chaupin ». La Chambre criminelle cassa l'arrêt parce qu'« il aurait dû indiquer d'une manière précise si ce dommage était le résultat de la faute de l'auteur du fait et si cette

1. Dalloz, 1888, 1, 289 et note.

faute était distincte du crime définitivement écarté par la déclaration négative du jury ». Cet arrêt maintenait donc le droit de la Cour d'assises d'allouer des dommages intérêts aux victimes, à la condition que sa décision « puisse se concilier avec la déclaration de non culpabilité et que l'arrêt précise les faits caractérisant la faute distincte du crime définitivement écarté, faute qui sert de base à l'action en réparation du dommage, conformément aux art. 1382 et 1383 du Code civil ».

Le tribunal civil de Nice, devant lequel fut renvoyée l'affaire, maintint la condamnation aux dommages-intérêts en distinguant l'intention élément du crime et la faute civile. La Cour de cassation, saisie par les héritiers de Chaupin, confirma sa jurisprudence.

« Attendu que l'accusé acquitté peut être condamné à des dommages-intérêts à raison des faits qui ont été l'objet de l'accusation, à la condition que la condamnation soit fondée sur un dommage résultant d'une faute imputable à l'accusé et que cette faute soit distincte du crime définitivement écarté par le verdict négatif du jury.

« Que cette faute, résultant d'un fait qu'il appartenait à la Cour d'apprécier et qu'elle déclare involontaire, était donc distincte du crime de blessures volontaires écarté par la réponse négative du jury ».

Voilà donc la jurisprudence; elle reconnaît deux sortes

de fautes. Elle demande seulement au juge de les bien distinguer.

Cette distinction est faite aussi par les auteurs. Voici à ce sujet comment s'expriment MM. Aubry et Rau : « Lorsqu'un individu a été acquitté de la prévention d'avoir par maladresse, imprudence, inattention, négligence ou inobservation des règlements, involontairement occasionné la mort d'une personne, on peut dire que la décision rendue en sa faveur par la justice répressive, l'ayant purgé de tout reproche de négligence ou d'imprudence, écarte l'application de l'art. 1383 et à plus forte raison, celle de l'art. 1382, mais cette objection est sans portée. Il ne faut, en effet, pas perdre de vue qu'une faute, une négligence, ou une imprudence peut être assez grave pour engager la responsabilité civile, sans être de nature à motiver l'application d'une peine et que, si les tribunaux de répression sont chargés d'examiner un fait sous ce dernier rapport, leur mémoire n'est pas de l'apprécier sous le premier point de vue. Req. 13 juillet 1874, S. 1876, 1, 469 (1). »

L'obligation du voiturier de visiter les colis et sa responsabilité en cas d'avarie ne peuvent donc être invoquées ici. La faute civile n'entraîne pas forcément une responsabilité pénale.

Dans ses décisions relatives au transport des marchan-

1. Aubry et Rau, t. 8, *Cours de droit civil français*, § 769 *bis*, p. 410 note 18.

dises, la jurisprudence a dû faire une exception en faveur des colis postaux. Une loi du 3 mars 1881 (1) approuve les conventions passées entre le gouvernement et les compagnies relativement aux colis postaux (art. 1, 2). Elle autorise en outre le Président de la République à conclure avec les gouvernements étrangers des conventions au sujet du transit international de ces colis (art. 4).

Les colis postaux sont donc de deux sortes, ceux qui circulent en France, ceux qui vont à l'étranger ou en viennent. Pour les colis postaux internationaux, la question de la responsabilité du voiturier ne se pose pas dans les mêmes termes. Les conventions et notamment la convention du 12 avril 1892 disent : Dans les relations internationales « le colis postal doit, sous peine de refus, être scellé par un cachet à la cire, par un plomb ou par tout autre moyen avec empreinte ou marque spéciale de l'expéditeur. » Ces colis étant nécessairement clos, on ne peut plus reprocher au transporteur de n'en avoir pas vérifié le contenu. C'est ce que décide, par arrêt du 23 janvier 1885, la Cour de cassation. Elle dit que les compagnies ne seront plus responsables vis-à-vis de l'administration des douanes du contenu des colis, « ces compagnies étant tenues de recevoir ces colis soigneusement clos et cachetés, ce qui les met dans *l'impossibilité légale*

1. *Journal officiel*, 5 mars 1881.

de les ouvrir pour en vérifier le contenu (1). » La règle n'est pas aussi rigoureuse pour les autres colis ; les instructions accompagnant le texte de la convention du 12 avril 1892 disent : « L'application de cachets, de plombs n'est pas obligatoire pour les colis du régime intérieur, mais cette mesure de précaution peut être prise par le public. » Il n'y a plus ici d'impossibilité légale. La jurisprudence cependant dégage encore ici la responsabilité des compagnies de chemins de fer. Elle dit que pour le transport des colis postaux les compagnies sont substituées à l'administration des Postes et obligées par là à une régularité et à une rapidité qui rendent impossible la vérification des colis.

Cette théorie est affirmée dans une espèce qui a donné à une Cour d'appel l'occasion d'appliquer les vrais principes de la responsabilité pénale.

Le 18 juillet 1882, en procédant à la visite des colis postaux arrivés d'Alger par un paquebot de la compagnie transatlantique, les employés de la douane de Port-Vendres découvrirent 125 grammes de tabac cachés dans l'un de ces colis. Procès verbal fut dressé et la Compagnie transatlantique, ainsi que le nommé Croze son agent furent poursuivis.

L'administration des douanes a successivement perdu

1. Cass. 23 janvier 1885. *La Loi* 18 février 1885.

son procès devant le tribunal de Céret (1), devant la Cour de Montpellier et devant la Cour de cassation ; ces décisions étaient fondées sur l'impossibilité où se trouvait la Compagnie de faire vérifier le contenu des colis.

La Cour suprême disait :

« Attendu, en effet, qu'aux termes de l'art. 64, C. p. applicable à toute matière pénale, il n'y a ni crime ni délit quand le prévenu a agi sous l'empire d'une contrainte à laquelle il n'a pu résister.

Attendu... que les compagnies de transport chargées au lieu et place de l'administration des Postes, du transport des colis postaux sont tenues de les recevoir soigneusement emballés, clos et cachetés et de les transporter à destination dans un bref délai, déterminé par les règlements (2) ».

Cet arrêt, comme celui de 1885 cité plus haut, fonde la non responsabilité des compagnies sur l'*impossibilité légale* où elles sont d'ouvrir les colis et il appuie sa décision sur l'art. 64 qui parle de la contrainte. L'application des règles de la contrainte est contestable ici. La Cour de Montpellier avait plus nettement dégagé l'idée de faute et plus franchement abordé la théorie de la responsabilité pénale. Il n'y a pas d'infraction purement matérielle. Le transporteur doit être renvoyé indemne, non

1. Trib. correct. de Céret 11 mai 1883. *La loi* 24 février 1884.
2. Cass. 23 décembre 1884. *Gazette des tribunaux*, 23 janvier 1885.

pas parce qu'il a été contraint d'agir ainsi, mais parce qu'en agissant ainsi il n'a été ni imprudent, ni négligent, ni maladroit, parce qu'en un mot il n'a commis aucune faute.

C'est ce que disait la Cour de Montpellier : « Attendu qu'il s'agit de décider si l'art. 1er, titre V, de la loi des 6-22 août 1791 qui punit le transporteur d'une marchandise prohibée, peut être appliqué à un tiers *auquel aucune faute personnelle n'est reprochée* ;

« Attendu que les lois de 1791 et de l'an II, et généralement toutes celles qui en matières de douanes se sont occupées du transporteur, ne l'ont jamais considéré comme un *agent fatalement responsable du fait d'autrui en dehors de toute imputation de faute qui lui fût propre* ;

« Que quoique ces lois aient poussé la responsabilité jusqu'à sa plus extrême limite, jamais elle n'ont cré *une responsabilité fatale et obligatoire à qui la faute pourrait faire défaut* (1) ».

Il semble bien ressortir de ces arrêts qu'en dehors de cette *impossibilité légale*, dont il ne peut être question que pour les colis postaux, il y a une autre impossibilité, tout aussi justificative, c'est l'*impossibilité matérielle*. Les compagnies n'ont pas le temps de vérifier le contenu des caissés qu'on leur confie. Les obliger à cet examen se-

1. Montpellier, 15 février 1884, *La Loi*, 24 février 1884. *Gazette des tribunaux*, 30 mai 1884.

rait rendre impossible les transports en grande vitesse et gêner considérablement la circulation de toutes les marchandises. Les autres transporteurs ont la même excuse, il ne peuvent être punis parce qu'ils ne sont pas en faute. C'est l'expéditeur qui doit être rendu responsable : il n'y a pas, comme le dit la Cour de Montpellier, de responsabilité fatale et obligatoire.

C'est la théorie exacte. Elle seule peut convenir à un droit pénal fondé sur la volonté humaine et sur le libre arbitre. Il n'y a pas de responsabilité civile sans une faute, le mot est dans l'art. 1382 ; à plus forte raison ne peut-il y avoir sans cette condition de responsabilité pénale. A la formule étroite « C'est l'intention qui fait le délit », il faut substituer celle-ci qui doit dominer toute législation pénale : « Il n'y a pas d'infraction pénale sans faute ».

§ 4. — *De la contrainte.*

L'art. 64 du Code pénal, où certains voient une règle générale, n'est qu'une application de cette idée. Il dit : « Il n'y a ni crime ni délit lorsque le prévenu était en démence au temps de l'action ou lorsqu'il a été contraint par une force à laquelle il n'a pu résister (1) ». Quoique

1. La même disposition se retrouve dans d'autres législations pénales : Code pénal belge de 1867, art. 71. Code pénal allemand de 1870, art. 51. Code pénal des Pays-Bas de 1881, art. 37 et art. 40.

l'article 64 ne parle que des crimes et des délits, la règle « pas d'infraction sans faute », dont il n'est qu'une application, est également vraie pour les délits contraventionnels et même pour les contraventions.

Sans doute la faute exigée pour le délit ou le délit contraventionnel sera plus lourde que celle que suppose la contravention. Celle-ci consistera le plus souvent dans un défaut de surveillance ou d'attention, mais il n'y a pas plus de contravention purement matérielle que de délit purement matériel. La contravention elle-même suppose une faute. L'art. 64 ne parle, il est vrai, ni des délits-contraventionnels ni des contraventions. Pour les premiers c'était inutile, puisqu'aux termes de l'art. 1er du Code pénal ce sont des délits, pour les contraventions les tribunaux ont suppléé à son silence. Ils décident que la contrainte est justificative de la contravention exactement comme elle justifie le délit ou le crime (1). L'acte punissable ne peut être qu'un acte volontaire.

Voici notamment une espèce très pratique où la jurisprudence a fait application de cette règle. Un voiturier du département des Deux-Sèvres avait été trouvé conduisant la nuit une voiture dont la lanterne n'était

1. Blanche et Dutruc, *Etudes pratiques sur le Code pénal*, t. II, nos 201, 213-214, 342 et s. citent de nombreux arrêts. V. aussi dans le même sens Cass. 20 février 1860, 9 avril 1875, 17 février 1876, 1er février 1877, 18 novembre et 28 juillet 1881.

pas allumée. Il dit que le vent et la pluie l'avaient éteinte. Il fut acquitté. Le ministère public fit un pourvoi en cassation, qui fut rejeté en ces termes :

« Attendu qu'il est de principe que la force majeure met à l'abri de toute responsabilité devant la loi pénale. ;

Attendu que de cet ensemble de fait le juge a conclu que si le prévenu n'avait pu tenir constamment allumée la lanterne de sa voiture, il en avait été empêché par une force à laquelle il n'avait pu résister : la violence de l'ouragan ; que le prévenu a ainsi fait *tout ce qui était humainement possible de faire* pour obéir aux prescriptions de l'arrêté ; que par suite il y a lieu de lui faire application de l'art. 64 du code pénal » (1).

L'arrêt dit que le voiturier a fait ce qu'il a pu pour obéir aux prescriptions de l'arrêté ; qu'est-ce à dire, sinon qu'il ne peut être rendu responsable de la violation, qu'en un mot cette violation n'est pas le fait de sa volonté, qu'elle ne lui est pas imputable à faute ?

La loi du 3 mars 1822 sur la police sanitaire dit que « les infractions pourront n'être passibles d'aucune peine lorsqu'elles n'auront été commises que par force majeure ou pour porter secours en cas de danger. »

Généralisant cette solution, MM. Ortolan et Desjardins disent : « Cette règle, telle qu'elle résulte de la science

1. Cass. 28 février 1861, S. 1861, 1, 671.

rationnelle, va de soi, même quand elle n'est pas législativement exprimée (1). » Et parlant de la contrainte en matière de contravention, ils prononcent même le mot de faute : « La culpabilité pourrait rester à la charge de l'inculpé précisément à cause de cette négligence ou de cette imprudence et *dans la mesure de cette faute* (2).

Ainsi, dès qu'on analyse l'idée de responsabilité pénale qui a pour fondement la liberté et la volonté humaines on arrive à cette conclusion qu'il n'y a pas d'infractions purement matérielles : qu'il ne peut y avoir de châtiment là où il n'y a pas eu de volonté ; qu'il n'y a pas délit où il n'y a pas faute.

C'est l'étendue de cette faute qui sert de base à la classification des infractions.

1. Ortolan et Desjardins, *Elément de droit pénal*, t. 1, nº 644 en note.

2. Idem., nº 376.

CHAPITRE V.

DE LA VOLONTÉ DE LA LOI SPÉCIALE.

Mais comment connaître le degré de faute nécessaire à la perfection du délit ? Qui dira si la faute intentionnelle ou la faute de négligence suffit ? C'est le législateur; lui seul est compétent pour décider, c'est à lui qu'il appartient de dire jusqu'à quel point la liberté doit être sacrifiée aux exigences de l'ordre public.

C'est dans le texte de la loi qu'il faut chercher la volonté du législateur. Des difficultés naîtront souvent de l'incertitude de notre langue pénale ; c'est le rôle du juge de les trancher. Chaque infraction créée dans des temps différents, sous des impressions diverses, a sa nature propre et si le texte ne la reflète pas suffisamment le juge aura à la rechercher dans les travaux préparatoires.

Le rôle des travaux préparatoires n'est pas ici le même qu'en matière civile. Dans un procès civil, la tâche du juge hésitant entre deux prétention souvent également justifiées est de rechercher par tous les moyens la volonté probable du législateur. Il n'a pas d'autre règle pour motiver sa décision. Au contraire la loi pénale est dominée par le principe que tout ce qui n'est pas défendu est permis. Le doute doit donc profiter à l'accusé.

De ce principe il faut encore déduire deux conséquences.

S'il ressort des travaux préparatoires que le législateur a certainement voulu punir une infraction qu'il a cependant oublié d'inscrire dans la loi, il n'y a pas de condamnation possible.

Si d'autre part la lettre même du texte punit une infraction et s'il ressort très certainement des travaux préparatoires que le législateur n'a pas eu la volonté de punir cette infraction, si en un mot la lettre de la loi a trahi la pensée du législateur, aucune condamnation ne devra être prononcée.

C'est le législateur ainsi consulté qui seul pourra dire s'il a voulu punir seulement une négligence coupable ou s'il a voulu atteindre la mauvaise foi et frapper un calcul frauduleux. C'est en dernière analyse toujours à cette volonté qu'il faut remonter et non à des formules rapides plus faciles à répéter qu'à comprendre.

Blanche le dit fort bien : « Il faudra étudier leur nature intrinsèque et rechercher *la volonté de la loi spéciale* qui les réprime pour voir s'ils constituent des délits ou s'ils ne sont pas des contraventions (1). »

1. Blanche *op. cit.* t. I, nº 6.

C'est la même idée qu'exprime Ortolan : « Souvent les termes de la loi font défaut et laissent à la jurisprudence le soin de discerner l'un de l'autre ces deux variétés de délits. C'est donc à la jurisprudence à résoudre la question pour chaque cas, en s'inspirant des principes rationnels et *de l'esprit de la loi qu'il s'agit d'appliquer* (1). »

Au point de vue de l'élément de faute, l'art. 1er du Code pénal n'est plus mis en cause. C'est au législateur spécial qu'il faut s'adresser pour chaque cas. C'est cette théorie que M. Ruben de Couder défend dans une note sous un arrêt de la Cour de cassation du 28 février 1885 (2). « Là où il y a lieu de s'enquérir de la moralité du fait et de l'intention de l'agent il ne peut plus être question de contravention, il y a place pour le délit seul. A l'inverse, là où suffit la constatation physique, matérielle du fait, le délit n'a rien à voir, la contravention domine sans partage ». Et qui dira s'il y a lieu de s'enquérir de la moralité du fait ou si la constatation matérielle du fait suffit, sinon le législateur qui a seul le droit de tracer les règles et de définir le délit. Commentant cette note, M. Sarrut se rallie à cette théorie : « Cette théorie, dit-il (3), nous séduit. Elle s'harmonise assurément bien mieux avec l'es-

1. Ortolan et Desjardins, *op. cit.* t. I, n° 403.
2. *Pandectes françaises chronologiques t.* VI, 1re, partie p. 316. S. : 1887, 1, 41.
3. *La Loi* du 8 juin 1888.

prit général de notre législation pénale que le système absolu qui refusant de regarder au-delà des termes de l'art. 1 du Code pénal, considère exclusivement le quantum de la pénalité ». En terminant, l'honorable avocat général à la Cour de cassation regrette les hésitations de la jurisprudence : « Il s'écoulera sans doute bien des années avant que les décisions de la jurisprudence forment un tout concordant : quand on parcourt les nombreux arrêts intervenus dans les matières spéciales à propos des délits contraventionnels, on ne rencontre que contradictions. »

Il n'y a pas de matières où les tribunaux et la Cour de cassation aient plus varié. La jurisprudence paraît cependant vouloir se fixer dans le sens indiqué par les auteurs cités plus haut (1). La formule exacte est donnée par un arrêt de la cour de cassation du 20 décembre 1889 relatif aux médailles attribuées aux industriels dans les expositions : « Attendu qu'il ressort *de la nature intrinsèque de l'acte ordonné, du but de cette loi spéciale et de ses travaux préparatoires*, que la violation de la disposition

1. *Sic :* Cass. 1 avril 1883, S. 85, 1, 401 ; Cass. 24 août 1883, S. 1885, 1, 336 et renvois. Cass. 28 février 1885. S. 1887, 1, 41 ; Cass. 17 juillet 1885, S. 1887, 1, 286 ; Paris 28 décembre 1886, S. 1886, 28, 37 ; Amiens, 3 février 1887, S. 1887, 2, 75 ; Cass, 12 août 1887, S. 1888, 1, 445 et renvois. ; Epernay, 9 juin 1888, S. 1889, 2, 144.

ci-dessus visée est une infraction dont la répression doit être poursuivie malgré la bonne foi de l'agent (1) ».

C'est ainsi que la Cour de cassation a décidé que la faute intentionnelle n'était pas un élément nécessaire dans un grand nombre de délits contraventionnels et notamment pour les infractions :

A la loi du 24 mai 1834 (art. 3, 11) sur la détention des armes de guerre (2).

Aux lois sur la chasse (3).

Au code forestier.

Aux lois sur la presse.

A la loi du 30 mai 1851 et au règlement du 10 août 1852 sur la police du roulage.

A la loi du 15 juillet 1845 et à l'ordonnance du 15 novembre 1845 sur la police des chemins de fer.

A la loi du 15 août 1859 sur la pêche (4), etc., etc.

De même un très grand nombre d'arrêts sont venus au lendemain de sa promulgation analyser et commenter la loi du 17 juillet 1889 sur les candidatures multiples. Un arrêt du 5 avril 1890 dit : (5).

Attendu qu'en déclarant qu'un candidat n'a pas rempli les formalités exigées par l'art. 2 de la loi du 17 juil-

1. Cass. 20 décembre 1889, S. 1890, 1, 187.
2. Cass. 26 mars 1835.
3. Cass. 6 mars 1857 ; Pau 28 août 1857.
4. V. Perrot de Chezelles. *Revue critique* année, 1859, p, 70.
5. Cass. 5 avril 1890, D. 1890, 1, 454.

let 1889, n'est pas recevable à procéder à des actes tels que signatures, appositions d'affiches, etc., a implicitement décidé que les infractions punies par l'art. 6 *existent indépendamment de toute intention coupable* (1).

L'examen des lois spéciales présente dans l'étude même du texte une difficulté tenant à l'obscurité de la terminologie pénale. Il est à désirer que le législateur emploie désormais un langage plus juridique et plus conforme aux idées nouvelles. En effet, plusieurs lois emploient souvent à tort et l'un pour l'autre les mots *délits* et *contraventions*. Cette confusion est constante en matière de chasse et aussi en matière de presse où sous le nom de délits, on range toutes les infractions qui se rattachent à la publication ou au colportage des journaux et des livres.

Il faut au contraire déterminer l'infraction par la nature et la volonté de la loi et dire avec la Cour de Toulouse : « Attendu que si ces faits sont des contraventions dans les dénominations qu'il porteut, ils sont des délits dans les caractères qui les constituent (2). »

M. Garraud se demande ce qu'il faudra décider dans le

1. Sic Digne. 24 septembre 1890, S. 1890, 3, 33 ; Espalion, 27 septembre 1889, S. 1890, 3, 33 ; Cass. 21 mars 1890, D. 1890, 1, 238 ; Cass. 26 avril 1890, D. 1890, 1, 455 ; 3 arrêts Cassation, S. 1891, 1, 185 ; V. aussi : Valframbert *Gazette du Palais*, n^{os} du 27, 28 novembre 1889 ; Le Poittevin, *Commentaire pratique de la loi du 17 juillet 1889* n° 36.

2. Toulouse 24 juillet 1862, S. 1863, 2, 8.

doute et il tranche ainsi la question : « En l'absence de textes explicites, l'art. 1er est la seule règle à appliquer pour déterminer le caractère de l'infraction (4). » L'art. 1er ne tranche aucune question de ce genre ; le législateur du Code pénal ne paraît avoir la prétention de déterminer à l'avance les caractères de toutes les infractions àvenir ; le domaine de l'art. 1er est tout autre.

Dans le doute il faudra appliquer le principe que la loi pénale doit s'entendre *stricto sensu*. Le doute s'interprète toujours en faveur de l'accusé. La règle à suivre c'est qu'il n'y a pas de peine sans faute. Si la loi ne punit pas la faute légère, c'est la seule faute lourde qui est condamnable. C'est dans ce sens qu'est conçu l'art. 75 du code pénal hongrois des crimes et délits (2) : art. 75 : « Ne constitue un crime que l'acte commis volontairement. Il en est de même des délits, sauf le cas où un acte résultant d'une négligence est qualifié délit dans la partie spéciale de ce code » (3).

D'après cet art. en effet, la faute intentionnelle est la règle, la négligence n'est punie que par exception (4).

1. Garraud. *Droit pénal*, t. I. par. 86.

2. Code pénal des crimes et délits du 28 mai 1878 ; traduit et et annoté par Martinet et Dareste. Imprimerie nationale, 1885.

3. Ces délits sont notamment : l'homicide par imprudence (art. 290) ; le faux témoignage (art. 221) les dommages aux chemins de fer, aux bateaux et aux télégraphes (art. 337, 440, 445), etc.

4. Cet art. 75 est complété par l'art. 28 du code des contraventions du 14 juin 1879.

Dans le doute, il faut exiger la faute intentionnelle. Il serait trop dur de décider que la faute légère sera, dans l'obscurité de la loi, suffisante pour mettre en mouvement l'action publique.

Art. 28. « La contravention est punissable même dans le cas où elle a été commise par négligence, à moins que la loi, l'ordonnance ou le règlement ne déclarent punissable que l'acte intentionnel ».

DEUXIÈME PARTIE

CONSÉQUENCES DE L'APPLICATION DE L'ART. 1er AUX DÉLITS CONTRAVENTIONNELS

Les délits contraventionnels sont de la compétence du tribunal correctionnel. C'est une conséquence incontestée de la peine qui leur est appliquée (1). Mais les délits sont soumis à d'autres règles spéciales, distinctes de celles des contraventions et la question se pose de savoir si ces règles doivent être appliquées aux délits contraventionnels. C'est ce qu'il faut examiner maintenant.

(1) En présentant le livre 1er du Code pénal, le comte Réal louait surtout l'art. 1er d'avoir indiqué, « par des lignes très prononcées les limites de la compétence ».

CHAPITRE Ier

COMPLICITÉ

Les règles de la complicité sont contenues dans les art. 59 et suivants du Code pénal. L'art. 59 est ainsi conçu:

« Les complices d'un crime ou d'un délit seront punis de la même peine que les auteurs mêmes de ce crime ou de ce délit ».

Le texte parle des crimes et des délits, que fallait-il décider relativement aux délits-contraventionnels ? La doctrine et la jurisprudence ont adopté successivement des opinions contradictoires.

Les délits contraventionnels ont d'abord été traités comme des contraventions ; c'est à ce titre qu'on a hésité à leur faire l'application des art. 59 et suivants. L'acte du complice, dit-on, n'est rien par lui-même, il tire sa gravité de l'acte d'un autre ; l'acte du complice a une criminalité d'emprunt (1). C'est d'autre part un acte voulu, intentionnel. Qui dit complicité dit concours frauduleux. Comment donc supposer ici cet accord délictueux

1. M. Leveillé. à son cours.

alors que par leur nature les délits contraventionnels sont des infractions matérielles, indépendantes de la bonne foi de l'agent ? On ne saurait concevoir le complice d'une infraction matérielle.

§ 1. — *Doctrine et jurisprudence.*

Ce fut là pendant longtemps l'opinion de la doctrine (1) « Toutes les fois qu'il s'agit d'un fait purement matériel que la loi saisit, abstraction faite de l'intention de son auteur, disent MM. Chauveau et Faustin Hélie, la complicité n'est pas admissible, puisqu'il y aurait contradiction à supposer à la fois que cette intention existe et qu'elle n'existe pas (2). »

Blanche faisait déjà la distinction entre deux sortes de délits contraventionnels. « L'art. 59 ne sera pas appliqué aux faits qui ne présentent que le caractère de la contravention et qui ne diffèrent de la contravention de police que par l'élévation de la peine. » Et plus loin : « Au contraire l'art. 59 sera applicable aux contraventions qui tiennent tout à la fois du délit et de la contravention et spécialement à celles que la loi aura qualifiées délit (3). »

1. Le Sellyer, *Traité de la criminalité*, t. 2, n° 432 ; Giboulot, *Commentaire de la loi sur la presse* du 11 mai 1868, n° 332 bis.

2. *Théorie du Code pénal*, 6e édit. t. I, n° 316 ; t. VI, n° 2273.

3. Blanche, *op. cit.* t. II, nos 69 et s.

Une jurisprudence presque constante (1) a longtemps refusé d'étendre les règles de la complicité aux délits contraventionnels, et notamment :

Aux infractions aux décrets ou ordonnances relatifs à la police des chemins de fer.

Cass. 7 avril 1870, S. 1871, 1, 258. Angers, 7 février 1870, D. 1870, 2, 58. Caen, 9 mai 1877, D. 1879, 2, 41. Rennes, 22 juin 1887, D. *Répert. alphab.* supplément, V° complice n° 496 ;

Aux infractions aux règlements prohibitifs de l'immixtion dans le service des postes.

Cass. 11 septembre 1846, D. 1846, 1, 361. Douai, 28 novembre 1854, D. 1855, 2, 98.

Aux infractions aux lois sur la police sanitaire des animaux :

Cass. 11 juillet 1873, D. 1873, 1, 393.

Aux infractions aux lois sur la presse :

Cass. 26 juillet 1851, D. 1851, 1, 250. Cass. 11 avril 1856, S. 1856, 1, 198. Cass. 18 janvier 1867, D. 1867, 1, 233. S. 1867, 1, 367. Cass. 3 avril 1869, D. 1869, 1, 529 ; S. 1870, 1, 229. Cass. 11 février 1876, D. 1876, 1, 403 : S. 187 1, 233.

Aux infractions aux lois sur la pharmacie :

1. Dalloz, C. p. annoté, article 59 n°s 36, 53 ; Dalloz Répertoire alphabétique supplément V° Complice n°s 59 et s.

Cass. 20 juillet 1872, S. 1872, 1, 395. Angers, 27 octobre 1877, S. 1878, 2, 87.

Voici comment s'expriment deux de ces arrêts :

L'arrêt de la Cour de cassation du 18 janvier 1867 dit :

« Attendu qu'en effet les art. 59 et 60 du Code pénal, qui punissent les complices d'un crime ou d'un délit de la même peine que les auteurs mêmes de ce crime et de ce délit ne s'appliquent qu'aux complices d'une action qualifiée délit (1). »

Dans l'espèce de l'arrêt de la Cour de Rennes (2), il s'agissait d'un individu qui avait prêté son permis de circulation sur les chemins de fer. L'arrêt dit :

« Mais, considérant que bien que la peine édictée par l'art. 21 de la loi du 15 juillet 1845, soit supérieure aux peines de simple police, il ne s'agit là pourtant que d'une infraction matérielle à un règlement de police et d'un fait qualifié contravention par cet article lui-même..., et qu'ainsi le prévenu échappe à toute répression pénale *quelqu'indélicat et quelque frauduleux* que soit d'ailleurs l'acte qui lui est reproché. »

Cette jurisprudence faisait quelques exceptions. Elle admettait la complicité de l'homicide par imprudence qui

1. Cass. 18 janvier 1867, D. 1867, 1, 230 ; S. 1867, 1, 367.

2. Rennes, 22 juin 1887, D. *Rép. alphab.*, Supplément, v° Complice, n° 59 et suivants.

est cependant un délit non intentionnel (1). Elle refusait de l'admettre pour la rupture de ban :

« Considérant que la rupture de ban existe indépendamment de toute intention coupable par le seul fait de l'infraction aux règles prescrites par l'art. 44 ;

« Que si la rupture de ban ne constitue qu'une contravention, les art. 59 à 62 qui n'impliquent l'existence de la complicité que pour les crimes et les délits ne sauraient la concerner (2) ».

Quelques arrêts s'étaient cependant prononcés pour l'extension des art. 59 et suivants aux délits-contraventionnels. Ce sont notamment :

Cass. 18 août 1849, D. 1849, 1, 261. Cass. 13 avril 1861, D. 1861, 1, 235 ; S. 1862, 1, 334. Toulouse, 24 juillet 1862, D. 1862, 2, 176 ; S. 1863, 2, 8. Poitiers, 22 novembre 1866, S. 1867, 1, 365.

La Cour de Toulouse s'exprimait ainsi :

« Considérant que l'art. 59 du C. p. punit les complices d'un crime ou d'un délit de la même peine que les auteurs eux-mêmes ; que le fait incriminé constitue, à la vérité, dans le langage de la loi, une contravention, mais que s'il est une contravention dans la dénomination qu'il porte, il est un délit dans les caractères qui le consti-

1. Voir les arrêts rapportés dans Dalloz, *Rép. alph.* v° Crimes et délits contre les personnes, n° 211.

2. Rennes, 2 janvier 1862, D. 1862, 2, 78.

tuent ; que toute contravention à laquelle est attachée une amende de plus de 15 francs est effectivement un délit... ; que dans l'intention de la loi, l'amende de plus de 15 francs étant une peine correctionnelle, le fait auquel elle est infligée entre ainsi dans la catégorie des délits, et que dès lors l'art. 59 précité est applicable (1) ».

C'était l'application rigoureuse et exacte de l'art. 1er du Code pénal.

Quatre ans plus tard la Cour de Poitiers donnait la même interprétation de l'art. 1er et, dans un long arrêt fortement motivé, établissait une théorie complète que la Cour de cassation a fini par adopter aujourd'hui après l'avoir pendant cinquante ans repoussée.

Un sieur Mercier, imprimeur, avait été traduit devant le tribunal correctionnel de Niort comme prévenu d'avoir publié, dans le *Mémorial des Deux-Sèvres*, un compte-rendu des débats du Corps législatif, contrairement aux dispostions du sénatus-consulte du 2 février 1861. L'auteur du compte-rendu, le sieur Delavault, était poursuivi comme complice.

Le tribunal de Niort acquitta le complice par le motif que l'infraction était une contravention qui n'admet pas la complicité.

La Cour de Poitiers infirma le jugement en ces termes :

1. Toulouse, 24 juillet 1862, S. 1863, 2, 8 ; D. 1862, 1, 176.

« Attendu qu'en déclarant les complices de crimes et *délits* passibles des mêmes pénalités que les auteurs mêmes de ces infractions, les art. 50 et 60 du C. p. n'ont pour but comme pour conséquence que d'exonérer les complices des contraventions de la simple police, sauf les cas où il a pu en être autrement ordonné.

« Qu'en présence du principe de justice naturelle qui veut que tous ceux qui ont concouru à la perpétration d'une infraction de quelque gravité en puissent être punis, il est impossible d'attacher à ces expressions crimes et *délits*, employés par les art. 59 et suivants, C. p. une autre signification que celle qu'ils tirent de l'art. 1er de ce Code...

« ... Et qu'on ne saurait sans arbitraire et sans trouble pour l'harmonie de nos Codes, *séparer dans l'interprétation, le mot délit employé par les art. 59 et suivants C. p. de la signification qu'il reçoit de l'art. 1er, même Code* (1) ».

Cet arrêt était contraire à la jurisprudence de la Cour de cassation ; l'année suivante, malgré les conclusions contraires d'un remarquable rapport du conseiller du Bodan, la chambre criminelle le cassa en ces termes :

« Attendu qu'en effet les art. 59 et 60 C. p, qui punissent les complices d'un crime ou d'un délit de la même peine que les auteurs même de ce crime ou de ce

1. Poitiers, 22 novembre 1886, S. 1867, 1, 365 en note.

délit ne s'appliquent qu'aux complices d'une action qualifiée crime ou délit ;

« Qu'aux termes de la législation sur la presse et spécialement de l'art. 54 du décret-loi du 17 février 1852, le fait matériel de publication à raison duquel l'imprimeur Mercier a été condamné, ne constituait pas un délit mais une contravention ;

« Et qu'ainsi la Cour impériale de Poitiers, en faisant application au demandeur du principe général de la complicité, a faussement interprété et expressément violé les art. 59 et 60 sus-énoncés (1) ».

§ 2. — *Des complices d'une infraction matérielle.*

Il y a cependant toute une catégorie d'infractions auxquelles la jurisprudence a étendu les règles des art. 59 et s. Ce sont les infractions à la loi du 3 mai 1844 sur la chasse (2). Elle justifiait cette exception par un argument tiré des travaux préparatoires. Les lois du 30 avril 1790 et du 3 mai 1844 parlent de *délits de chasse* et cependant

1. Cass. 18 janvier 1867, D. 1867, 1, 233 ; S. 1867, 1, 365.

2. Cass. 10 novembre 1864, S. 1865, 1, 197. Lyon, 28 mars 1865, S. 1866, 2, 195. Bourges, 13 février, 1868 S. 1868, 2, 99. Rouen, 6 juin 1871, S. 1871, 2, 202. Rouen, 4 décembre 1873, S. 1874, 1, 228.

le rapporteur de la loi de 1844 a toujours dit que ces infractions étaient des contraventions. C'est à ce titre qu'il refusait de leur appliquer l'art. 463 du C. p. « Qu'est-ce, disait-il, que les circonstances atténuantes dans une matière où l'intention n'est rien ?.. Ici c'est le fait même de la chasse que l'on punit, et on ne se préoccupe pas de la question intentionnelle... Jamais une telle question n'est soulevée, n'est examinée en matière de contraventions. Or les faits de chasse, bien que qualifiés délits et punis de peines correctionnelles ne sont pas des délits, mais des contraventions, des infractions aux prescriptions de la loi. »

Blanche, au contraire, se basant sur la dénomination des « délits » donnée à ces infractions par la loi, décide que les complices sont punissables.

C'est la solution exacte. Les art. 59 et suivant doivent être appliqués aux délits de chasse, et non parce que la loi de 1844 les qualifie « délits », mais parce qu'il sont punis de peines correctionnelles. Peu importe que le législateur leur ait donné le caractère contraventionnel, cela n'influe pas sur l'application des règles de la complicité. La jurisprudence fait ici une confusion entre la nature intrinsèque du délit souverainement définie par le législateur et les conséquences indépendantes attachées par l'art. 1er à la peine.

Qu'y a-t-il de contradictoire d'ailleurs à supposer que la faute nécessaire à tout délit puisse être commise par plusieurs ou par l'un à l'instigation des autres. On peut parfaitement concevoir le complice d'un agent inconscient.

Voici une application de cette idée dans le cas d'homicide par imprudence. L'espèce s'est présentée devant la Cour de Rennes. Un sieur G., pharmacien, avait laissé pendant quelques heures la garde de son officine à son gendre D.. « qu'il savait étranger aux notions élémentaires de la chimie » dit l'arrêt. Celui-ci avait livré à un client 30 grammes d'émétique (tartrate de potasse et antimoine) qui est un poison violent, au lieu de 30 grammes de tartrate de potasse qui lui étaient demandés. Le client mourut. La Cour de Rennes condamna G. et D. tous les deux comme co-auteurs. Cette solution, qui se justifie en fait, n'est pas très juridique. Il n'y avait qu'un auteur principal D ; G. n'était qu'un complice, car il avait par son imprudence donné à D. les moyens de commettre le délit.

En dehors du Code pénal, les exemples de complicité abondent. Voici par exemple l'espèce d'un arrêt de la Cour de Caen (1). Une dame Bellamy de Caen, avait envoyé à un agent de change de Paris une sacoche plombée portant la déclaration « valeur 1000 francs » ; en réalité la sacoche en contenait plus de 13000. La fraude fut dé-

1. Caen, 9 mai 1877. D. 1879, 2, 41, rendu au rapport de M. le conseiller Duprar de la Maliérie au Dalloz *loc. cit.*

couverte, plusieurs employés de la dame Bellamy l'avaient connue et facilitée, ils furent acquittés. Le pourvoi fait par le ministère public fut rejeté en ces termes : « Qu'il suit de là que ne s'agissant que de contraventions et les règles de la complicité étant inapplicables, l'appel du ministère public contre L. et A. doit être dit à tort. »

Ces deux exemples montrent déjà qu'en fait on peut très bien concevoir des complices d'une infraction où la question de bonne foi ne se pose pas relativement à l'auteur principal.

§ 3. — *Jurisprudence nouvelle.*

Cette théorie de la non culpabilité des complices dans les infractions matérielles était de nature à affaiblir l'action publique. Elle avait pour effet de favoriser de véritables fraudeurs plus coupables que l'auteur principal de bonne foi et qui se savaient à l'abri de toutes poursuites. Les auteurs l'ont d'ailleurs compris et quelques-uns (1), ont depuis quelques années reclamé l'extension des règles de la complicité aux délits contraventionnels. Après avoir dit dans son *Droit pénal* (2), que la loi ne pu-

1. Villey, *France judiciaire*. Notes au Sirey et *Précis d'un cours de droit criminel*.

2. *Droit pénal*, Edit. de 1885, p. 292.

nit pas, à moins de dispositions spéciales comme celles des art. 479, 8° et 480, 5° du Code pénal, la complicité des contraventions de police (1). M. Garraud ajoute : « Je ne comprends pas cette dénomination de prétendues contraventions punies de peines correctionnelles et qui pour la loi sont des délits ».

La jurisprudence elle-même a reconnu son erreur ; une série d'arrêts récents consacre une autre théorie plus conforme à la fois au texte et à l'esprit de la loi.

C'est en matière d'infraction aux lois sur l'exercice de la pharmacie que cette jurisprudence nouvelle s'est formée par deux arrêts du 23 février 1884, en ces termes :

« Attendu qu'aux termes de l'art. 1er du Code pénal l'infraction que les lois punissent de peines correctionnelles est un délit et que cette règle générale régit les matières spéciales, toutes les fois qu'il n'y a pas été dérogé par une disposition expresse ;

« Attendu que les infractions aux lois sur la pharmacie ont dû être punies de peines supérieures à celles de simple police ; qu'elles constituent donc des délits et que dès lors ceux qui s'en rendent complices par l'un des moyens déterminés par les art. 59 et 60 du Code pénal doivent, aux termes du droit commun, être frappés de la même peine que l'auteur principal ; attendu en outre que la

1. V. Cass. 13 avril 1861, S. 1862, 1, 334.

disposition des art. 59 et 60 du Code pénal est générale ; qu'elle s'applique à tous les crimes et délits, à moins que la loi n'en ait autrement ordonné » (1).

Ces deux arrêts étaient la condamnation d'une jurisprudence presque constante. La doctrine nouvelle, plus large, plus rationnelle, portait un premier coup à la théorie des délits contraventionnels qu'elle traitait comme des délits ordinaires en les faisant entrer dans la classification de l'art. 1er. Les cours d'appel devaient suivre la Cour de cassation dans cette voie (2).

La Cour de cassation confirma bientôt sa nouvelle jurisprudence en matière de société et de police des chemins de fer. En 1884, elle rendit l'arrêt suivant; il s'agissait de contraventions aux art. 1, 2 et 3 de la loi du 27 juillet 1867 sur les sociétés :

« Attendu, en effet, que l'infraction dont Cordier et Paz ont été déclarés complices, quelque dénomination qu'on lui donne, constitue au point de vue légal, un véritable délit; que cela résulte non seulement de la nature de la peine prononcée et de la juridiction qui est appelée à en connaître, mais encore du caractère même de l'infraction ;....

« Attendu d'ailleurs, qu'aux termes de l'art. 1er du

1. Cass. 23 février 1884, D. 18 86, 1, 427. S. 1886, 1, 233.

2. Amiens, 21 novembre 1889. S. 1890, 2, 109, en matière d'infraction aux lois sur la pharmacie.

Code pénal, l'infraction que les lois punissent de peines correctionnelles est un délit ; qu'aux termes de l'art. 59 du même code, les complices d'un crime ou d'un délit sont punis de la même peine que les auteurs de ce crime ou de ce délit, et que cette règle régit les matières spéciales, à moins qu'il n'y ait été expressément dérogé (1). »

La Cour de cassation maintenait cette jurisprudence dans la même matière par un arrêt du 20 avril 1888 (2) relatif à l'émission d'actions d'une société irrégulièrement constituée.

L'Exposition de 1889 fournit souvent aux tribunaux l'occasion de statuer sur les infractions aux lois sur les chemins de fer. La Cour de cassation confirma sa nouvelle jurisprudence en matière de vente de coupon de retour. Depuis 1869, les deux coupons d'aller et de retour doivent être utilisés par la même personne ; les voyageurs qui se servaient d'un coupon dont l'aller avait été utilisé par une autre personne furent considérés et punis comme voyageant sans billet (3). Quant aux intermédiaires qui vendaient les coupons, la Cour de Nîmes (4), jugeant qu'ils ne faisaient pas eux-mêmes usage du billet,

1. Cass., 28 février 1885, S. 1887, 1, 41, ; D. 1885, 1, 329. Arrêt critiqué dans la loi 8, 9 avril, 11 juin 1885.

2. S. 1890, 1, 425.

3. V. les arrêts dans une note de M. l'avocat général Sarrut sous l'arrêt du 7 mai 1890. D. 1891, 2, 33.

4. Nîmes, 27 juillet 1882.

décidait qu'ils ne commettaient aucune contravention. Le trafic des coupons de retour fut dès lors considérable.

Plus tard, revenue à une interprétation plus large des textes, la jurisprudence décida que les intermédiaires étaient de véritables complices puisqu'ils donnaient sciemment aux voyageurs les moyens de commettre le délit. Voici comment s'expriment deux arrêts du 7 mai 1890 (1).

« Considérant que le législateur a voulu, dans l'intérêt de la sécurité générale, que l'inobservation des règlements sur la police et l'exploitation des chemins de fer constituât par elle-meme et en dehors de toute question d'intention frauduleuse, une infraction punissable et si, à ce point de vue, cette infraction a pu être qualifiée de contravention dans l'art. 21 de la loi du 15 juillet 1845, on ne saurait prétendre comme le font les appelants que ce fait, puni d'une amende de 16 francs à 3000 francs, doive en ce qui concerne les règles relatives à la complicité, être assimilé aux contraventions de simple police; qu'en effet aux termes de l'art. 1er du Code pénal, l'infraction que la loi punit des peines correctionnelles est un délit; qu'aux termes de l'art. 59 du même code, les complices d'un délit sont punis des mêmes peines que l'auteur principal et que cette règle régit les matières spéciales à moins qu'il n'y ait été expressément dérogé (2) ».

1. Paris, 7 mai 1890, S. 1890, 2, 171; D. 1891, 2, 33.

2. On pourrait aussi soutenir que ces intermédiaires sont punis-

Ainsi disparaît peu à peu cette théorie inexacte et dangereuse qui faisait des délits contraventionnels de simples contraventions, alors qu'ils étaient punis de peines quelquefois de beaucoup supérieures à celles de bien des délits correctionnels du Code pénal.

Cependant la nouvelle théorie n'est pas encore unanimement acceptée par les tribunaux. Une nouvelle hésitation est née de la loi du 17 juillet 1889 sur les candidatures multiples. Malgré un jugement du tribunal d'Espalion du 27 septembre 1889 (1) qui appliquait les règles de la complicité aux infractions créées par cette loi, la Cour d'Angers, revenant à la jurisprudence abandonnée, déclarait que ces règles ne pouvaient leur être étendues (2).

Ce sont là des arrêts aujourd'hui exceptionnels. La règle qui sera bientôt uniformément admise est celle-ci : aux termes des art. 1er et 59 et sts, les complices des délits-contraventionnels sont punissables comme les complices des délits et des crimes.

sables comme auteurs principaux ayant enfreint la défense de vendre et d'acheter les coupons de retour. C'est la doctrine d'un jugement du tribunal de la Seine (26 mars 1890, S. 1890, 2, 118, Sic : Pont l'Évêque 10 novembre 1886. S. 1887, 2, 199 ; Le Hâvre, 27 novembre 1886, S. 1887, 2, 199. On considère en général que sont seuls punissables les voyageurs qui contractent avec la Compagnie des engagements réciproques. (Sic : Féraud-Giraud, *Code des transports par chemins de fer*, 2e édit. t. 3, n° 233.

1. Espalion, 27 septembre 1889, S. 1890, 1, 33.
2. Angers, 22 novembre 1889, S. 1890, 1, 33.

CHAPITRE II

CUMUL.

Les peines en matière de crimes et de délits ne sont pas cumulées. Le principe du non cumul est posé par le paragraphe 2 de l'art. 365 ainsi conçu : « En cas de conviction de plusieurs crimes ou délits, la peine la plus forte sera seule prononcée. »

Cette rédaction soulève plusieurs questions(1). Il faut se demander d'abord si cet art. 365 s'applique à d'autres infractions qu'à celles prévues au C. p., et ensuite s'il doit être étendu aux délits-contraventionnels.

L'art. 365 s'applique-t-il d'abord aux infractions créées par les *lois antérieures* au Code pénal ?

La question naît des termes de l'art. 484 du C. p. édictant que « dans toutes les matières qui n'ont pas été réglées par le présent Code et qui sont régies par des

1. Il semble que l'art. 365 placé au C. d'Inst. Cr. sous la rubrique « des affaires soumises au jury » ne devrait s'appliquer qu'au cas de procédure devant la Cour d'assises. Une jurisprudence constante applique l'art. 365 aux procédures correctionnelles. (Cass. 14 mai 1869, S. 1869, 1, 439). *Sic* : Blanche, *op. cit.* t. I, n° 302.

lois et règlements particuliers les cours et tribunaux continueront de les observer ». Or, dit-on, les lois de l'époque intermédiaire admettaient en général le cumul des peines et l'art. 365 ne peut pas les avoir modifiées, puisqu'il est écrit dans le Code d'instruction criminelle et que l'art. 484 appartient au Code pénal. De nombreux arrêts de Cassation et de Cour d'appel sont jugés en ce sens: (V. Cass. 16 février 1844, S. 1844, 1, 625. Cass. 8 juin 1855, S. 1855, 1, 458. Cass. 27 décembre 1862, S. 1863, 1, 218. Cass. 3 mai 1866, S. 1866, 1, 219. Angers, 27 août 1866, D. 1866, 2, 180. Douai, 15 et 31 janvier 1872, S. 1872, 2, 137.)

Voici comment s'exprime l'arrêt de Douai de 1872 : « Considérant qu'aux termes de l'art. 484 du C. p. les lois et règlements particuliers sur les matières qui n'ont pas été réglées par ledit Code continuent d'être observées. » Cet argument n'est pas concluant ; l'art. 365 doit être appliqué aux infractions antérieures au Code. L'art. 484 ne peut pas être invoqué dans la question, puisqu'il n'appartient pas au même Code que l'art. 365 ; son but n'était pas de modifier le Code d'Instruction Criminelle, le législateur de l'art. 484 a voulu seulement par une règle générale confirmer une foule d'infractions qu'il avait pu oublier dans le Code et que prévoyaient des lois antérieures. C'est là, d'après l'exposé des motifs même, la portée de l'art. 484.

L'art. 365 doit-il être appliqué aux *lois postérieures* au Code ?

Cet art. 365, conçu en termes généraux, est évidemment conçu pour les lois à venir dont les lois du C. p. n'étaient que les plus importantes. La doctrine et la jurisprudence sont d'ailleurs d'accord sur ce point. (Cass. 14 janvier 1875, S. 1875, 1, 139. *Sic* : Ortolan et Dejardins, *op. cit.* t. I, n° 1173.)

§ 1. — *Les peines des délits contraventionnels ne doivent pas être cumulées.*

Ces deux points établis, reste une autre question plus générale, analogue à celle qui s'est posée à propos des art. 59 et suivants du Code pénal. L'art. 365 parle des crimes et des délits ; que faut-il décider relativement aux délits contraventionnels ?

Pendant plusieurs années, alors qu'elle refusait d'étendre aux délits contraventionnels les règles de la complicité, la jurisprudence leur appliquait cependant le principe du non cumul. Mais même dans cette interprétation de l'art. 365, la jurisprudence n'était pas constante. Si l'on rapproche la date des arrêts cités plus haut en matière de complicité et la date des décisions que les tribunaux ont rendues en matière de cumul, on verra combien la jurisprudence a été hésitante et souvent contradictoire.

Voici en effet la date de quelques arrêts qui admettent le cumul des peines en matière de délits contraventionnels : Cass. 17 mai 1851, 2 arrêts, S. 1851, 1, 376 et 380 ; D. 1851, 1, 153 et 215. Cass. 9 août 1851, S. 1852, 1, 64 ; D. 1851, 1, 279. Cass. 3 janvier 1856, S. 1856, 1, 380 ; D. 1856, 1, 94. Cass. 27 décembre 1862, D. 1863, 1, 325. Chambéry, 5 janvier 1871, S. 1871, 1, 942. Cass. 2 mai 1873, S. 1873, 1, 342 ; D. 1873, 1, 173. Aix. 19 mars 1874, D. 1874, 2, 94. Cass, 27 janvier 1883, S. 1885, 1, 403. Cass. 9 juin 1883, S. 1885, 1, 282.

Ces arrêts justifient leurs décisions par le caractère contraventionnel de ces infractions ; or la jurisprudence décide que les peines des contraventions peuvent être cumulées (1).

C'est là une solution qui ne saurait être approuvée. Dire qu'une infraction punie de peines correctionnelles est une contravention et la traiter comme telle c'est ouvertement violer l'art. 1er du Code pénal. La jurisprudence

1. Ce n'est pas sans hésitation que la jurisprudence a admis le cumul des peines de police. Un arrêt du 7 juin 1842 (S. 1842, 1, 496) rendu toutes chambres réunies, sur les conclusions du P. G. Dupin a fixé la jurisprudence en ce sens.

ici encore n'a pas su dédoubler le délit contraventionne et distinguer en lui ce qui touche à sa nature de ce qui touche à sa peine. C'est là cependant une distinction nécessaire. Le non cumul ne tient pas à la nature du délit, mais bien au montant de la peine. Toutes les fois qu'il s'agit de la peine, l'art. 1er doit être appliqué.

Les infractions punies de plus de 15 francs d'amende sont des délits et aux termes de l'art. 365 les peines des délits ne se cumulent pas ; voilà la véritable règle. Elle est conforme aux textes, elle est aussi conforme à la raison. La loi autorise le cumul des peines de police parce qu'elles sont plus élevées et qu'additionnées elle ne forment pas une peine très lourde. Peut-on en dire autant des peines des délits contraventionnels ? Evidemment non, puisque ce sont par définition des peines correctionnelles. La logique ne permet pas d'étendre aux peines lourdes des délits contraventionnels une règle qui n'a été écrite que pour les peines légèresde contraventions de police.

La jurisprudence n'était pas unanime dans son refus d'appliquer aux délits contraventionnels le principe du non cumul. Voici en effet d'autres arrêts qui traitent les délits contraventionnels comme des délits en leur appliquant le principe du non cumul : Cass,, 8 mai 1852, S. 1852, 1, 767 ; D, 1852, 1, 443. Cass. 13 juillet

1560, S. 1861, 1, 387 ; D. 1860, 1, 467. Cass. 20 mars 1862, S. 1862, 1, 902 ; D. 1862, 1, 242. Cass. 3 mai 1866, S. 1866, 1, 456. Angers, 27 août 1866, S. 1866, 2, 158. Chambéry, 13 novembre 1873, S. 1874, 2, 232. Nîmes, 20 novembre 1875, S. 1875, 2, 296. Cass. 14 janvier 1875, S. 1875, 1, 139 ; D. 1875, 1, 281. Cass. 28 janvier 1876, S. 1876, 1, 89 ; D. 1876, 1, 329. Cass., 1 décembre 1877, S. 1878, 1, 330 ; D. 1878, 1, 495. Riom, 14 mai 1883, S. 1884, 2, 27 et renvois. Cass. 9 juin 1883, S. 1885, 1, 282.

C'est dans ce sens plus libéral que s'est fixée aujourd'hui la jurisprudence. Elle applique aux délits contraventionnels les règles de la complicité, elle est logique en leur étendant le principe du non cumul. Dans les deux cas elle les traite comme des délits. Un arrêt de Cassation du 13 juin 1844 s'exprime ainsi :

« Attendu que l'art. 365 s'applique même aux délits résultant de lois spéciales et ayant seulement le caractère d'infractions matérielles ; *que par cela qu'ils sont punis de peines correctionnelles et constituent des délits, ils sont soumis à la règle générale* (1).

Un arrêt récent de la Cour de cassation formule dans des termes précis la nouvelle jurisprudence. Voici l'es-

1. Cass. 13 juin 1884, S. 1886, 1, 234 ; D. en note, sous 1890 1, 259. *Sic.* Cass. 22 avril 1887, S. 1888, 1, 397.

pèce qui y a donné lieu : Contrairement aux art. 29 et 35 de la loi du 19 ventôse an XI sur l'exercice de la médecine, un officier de santé du nom de Perret avait pratiqué seul des opérations chirurgicales suivies de mort sur une femme Gotta.

La Cour de Chambéry le condamna le 8 janvier 1891 pour *homicide par imprudence, exercice illégal de la médecine et contravention aux lois sur la pharmacie*. L'arrêt cumula les peines de ces deux dernières infractions. La Cour suprême cassa l'arrêt en ces termes :

« Attendu que l'art. 365 du Code d'instruction criminelle dispose qu'en cas de plusieurs crimes ou délits la peine la plus forte sera seule prononcée ; que le principe du non cumul des peines posé dans cet article est général et s'applique à toutes les infractions punies de peines criminelles ou correctionnelles qui n'ont pas été explicitement ou implicitement exceptées par la loi, ou qui ne constituent que de simples contraventions ;

« Attendu que les infractions aux lois sur la pharmacie sont dangereuses pour la santé publique ; qu'à raison de cette gravité elles ont dû par la déclaration du 25 avril 1877 et par la loi du 29 pluviôse an XIII être punies d'amendes supérieures à celles de simple police, qu'elles constituent donc des délits aux termes de l'art. 1er du Code pénal et que dès lors, lorsqu'elles sont poursuivies simultanément avec un autre délit, les dispositions de l'art. 365 doivent recevoir leur application (1) ».

On peut donc dire aujourd'hui qu'au point de vue de la complicité et du cumul les délits contraventionnels sont traités comme des délits ordinaires.

§ 2. — *L'exception ne peut résulter que de la loi.*

A cette règle « les peines des délits contraventionnels ne doivent pas être cumulées », il faut, pour être complet, ajouter « à moins que la loi spéciale n'ait expressément décidé le contraire ».

Il y a en effet des cas où la loi établit formellement le cumul des peines correctionnelles. C'est ce que fait quelquefois le Code pénal lui-même.

Dans le cas où un détenu, accusé ou prévenu a commis un fait de rébellion ou a tenté de s'évader en commettant des violences ou en dégradant la prison, les art. 220 et 245 du Code pénal décident qu'à la peine principale devra s'ajouter une peine distincte pour le fait de rébellion ou de tentative d'évasion avec violences. De

1. Cass. 28 mai 1891.
La doctrine est en ce sens. V. notamment Garraud, *op. cit.* p. 393, par. 605 et s. Villey, *Précis d'un cours de droit criminel*, 4e éd. 1888, p. 154.

même l'art. 236 prévoit le cas où des témoins ou des jurés ont allégué une fausse excuse pour ne pas se rendre à l'audience ; à l'amende prononcée contre eux comme non comparants s'ajoutera un emprisonnement de six jours à deux mois si leur excuse est reconnue fausse.

C'est surtout dans les lois postérieures au Code qu'on trouve des exceptions au principe du non cumul. Il suffira d'en indiquer quelques-unes parmi celles qui créent des délits contraventionnels. Certaines lois, peu nombreuses l'ordonnent. C'est ce que décident l'art. 16 de la loi du 23 octobre 1814 (1) et l'art. 4 de la loi du 25 juillet 1828 tous deux en matière de presse.

Voici ensuite une série de lois où la règle est le non cumul, mais où cependant le cumul est permis pour les faits survenus depuis la première poursuite. Si le législateur n'avait pas fait cette exception, il eût été facile aux contrevenants de commettre plusieurs fois impunément avant la condamnation la même infraction, puisqu'ils n'auraient été passibles que d'une seule peine ; ce calcul frauduleux est ainsi déjoué par la disposition exceptionnelle de la loi.

On la rencontre dans l'art. 12 § 2 de la loi du 9 septembre 1835, en matière de presse.

1. *Sic* : Cass. 16 juin 1826 ; 14 août 1846 ; 17 mai 1851.

La loi du 3 mai 1844, sur la police de la chasse pose dans son art. 17 le principe du non cumul, mais le même article ajoute: « Les peines encourues pour des faits postérieurs à la déclaration du procès-verbal de contravention pourront être cumulées ».

Même disposition dans l'art. 9 de la loi du 16 juillet 1850 sur le cautionnement des journaux et dans l'art. 25 de la loi du 15 juillet 1845 sur les chemins de fer.

De même l'art. 12 de la loi du 8 juin 1851, sur la police du roulage décide que « sauf les exceptions mentionnées au présent article, lorsqu'il aura été dressé plusieurs procès-verbaux de contraventions (1), il y aura autant de condamnations qu'il y aura eu de contraventions constatées ».

L'art. 49 du décret du 2 février 1852 organique pour l'élection des députés disait également : «En cas de conviction de plusieurs crimes ou délits prévus par la présente loi et commis antérieurement au premier acte de poursuite, la peine la plus forte sera appliquée ».

C'est dans les mêmes termes qu'est rédigé l'art. 10 de la loi du 27 juin 1857 sur les marques de fabrique et de commerce.

Ces quelques exemples pourraient suffire; il y a lieu

1. Les « contraventions » prévues aux art. 4, 7 et 8 de la loi sont punies de 5 francs à 200 francs d'amende et de 6 jours à 6 mois d'emprisonnement.

cependant de s'étendre plus longuement sur deux lois considérables dont l'interprétation a donné lieu à des difficultés spéciales. Ce sont les lois du 15 juillet 1845 sur la police des chemins de fer et du 19 mai 1874 sur le travail des enfants mineurs dans les manufactures.

A. *Loi du 15 Juillet 1845.*

L'art. 27 de la loi du 15 juillet 1845 dit dans son paragraphe 1er que « en cas de conviction de plusieurs crimes ou délits prévus par la présente loi ou par le Code pénal, la peine la plus forte sera seule prononcée ». Ce paragraphe 1er semble bien clair ; il repousse nettement le cumul en matière d'infraction à la police des chemins de fer. C'est cependant la règle contraire qui a été longtemps appliquée. L'art. 27 ne parle que des délits et des crimes, que fallait-il décider pour les délits contraventionnels ? C'est dans l'art. 1er de la loi que la jurisprudence a cherché la réponse à cette question. Cet art. 1er dit que « les chemins de fer construits ou concédés par l'État font partie de la grande voirie. Or la jurisprudence décide que les infractions aux règles de police qui régissent la grande voirie « ont le caractère de contravention ». Dès lors les délits contraventionnels créés par la loi de 1845 devaient être traités comme des contraventions.

On a tiré des travaux préparatoires la règle applicable aux contraventions. Le projet primitif défendait également le cumul des contraventions, car, disait le rapporteur M. Isambert, les tribunaux « ont souvent abusé en accumulant les procès verbaux de manière à produire des amendes de *cent cinquante à deux cents mille francs* ». Sur la demande de la commission, le mot « contravention » fut supprimé, le Garde des sceaux ayant donné l'assurance qu'il donnerait des instructions précises pour faire cesser ces abus (1).

La loi autorisait donc le cumul des contraventions et par là même, des délits contraventionnels assimilés par l'art. 1er aux contraventions ordinaires. La jurisprudence décida en ce sens (2).

Sic : Conseil d'Etat 4 mars 1858. Cass. 2 mai 1873 S. 73, 1, 342. Amiens, 29 novembre 1872, S. 1873, 2, 260. Conseil d'état, 4 août 1876, S. 1878, 3, 310. Cass. 27 janvier 1883, S. 1885, 1, 403 ; D. 1883, 1, 229.

L'arrêt d'Amiens est absolu ; il dit sans autre explication : « Considérant enfin qu'il est de principe et qu'il résulte des termes mêmes de l'art. 27 de la loi du 15 juillet 1845 que la règle du non cumul ne s'applique pas aux nfractions de cette nature ».

1. V. Séance de la Chambre des députés du 3 février 1845, *Moniteur* du 4 février 1845, p. 244.

2. V. Dalloz alph. *Voirie par chemins de fer*, n° 624, *Lois annotées de 1845*, p. 85, note 42.

La chambre criminelle a pensé qu'il était préférable de donner d'autres raisons et abandonnant l'argument des travaux préparatoires, elle fait intervenir la théorie des contraventions de grande voirie. Voici comment s'exprime l'arrêt de 1883 :

« Attendu qu'aux termes de l'art. 1er de la loi du 15 juillet 1845, les chemins de fer font partie de la grande voirie ; que les infractions aux règles qui régissent la police de la grande voirie ont le caractère de contraventions ; qu'ainsi, d'après l'art. 27 de la loi du 15 juille 1845, la disposition est exclusivement applicable aux crimes et délits et que la proposition d'étendre le principe du non cumul des peines même aux contraventions a été expressément repoussée par le législateur. »

Quelques décisions ont été cependant rendues contraires à la doctrine de la Cour de cassation. La Cour de Riom ne s'arrêtant ni à l'objection tirée de la nature des contraventions de chemin de fer ni à l'argument des travaux préparatoires, a assimilé ces contraventions aux délits et leur a appliqué le principe du non cumul. Son arrêt est du 14 mai 1883 :

« Considérant qu'il est aujourd'hui de principe que l'art. 365 doit recevoir son application, même lorsqu'il s'agit de contraventions punies de peines correctionnelles, *sauf le cas* où la loi en aurait disposé autrement ;

« Que les six contraventions retenues contre le sieur Baldeyron antérieures au dit jugement sont punies de peines correctionnelles; qu'il y a donc lieu d'appliquer une seule amende, vu l'art. 27 de la loi du 15 juillet 1845. »

Un arrêt récent de la chambre criminelle (1) modifie la jurisprudence de la Cour de cassation. Il applique aux contraventions de grande voirie la prescription de 3 ans. Donc, au point de vue de la complicité et de la prescription. la Cour de cassation traite ces contraventions comme des délits, elle n'a plus de raison d'en autoriser le cumul.

B. — *Loi du 19 Mai 1874.*

L'art. 25 § 2 de la loi du 19 mai 1874 sur le travail des enfants mineurs dans les manufactures est plus explicite que l'art. 27 de la loi de 1845.

Il dit : « L'amende sera appliquée autant de fois qu'il y a eu de personnes employées dans des conditions contraires à la loi sans que son chiffre total puisse excéder 500 francs. » A la chambre des députés M. Félix Voisin disait en réponse à M. de Gavardie : « La question est tranchée en ce sens que l'infraction prévue est une contravention.... La commission accepte l'idée du cumul des peines » (2).

1. C. 4 juin 1892 aff., Alauze.
2. V. Sirey *Lois annotées* 1874, p. 545, col. 1.

Ici les travaux préparatoires et le texte étant d'accord la jurisprudence ne pouvait qu'être unanime. (Sic : Chambéry, 24 avril 1882, S. 1882, 2, 159. Nancy, 15 novembre 1883, S. 1884, 2, 43. Cass. 9 juin 1883, S. 1885, 1, 282).

L'art. 25, § 2 permet de prononcer autant d'amendes « qu'il y a eu de personnes employées dans les conditions contraires à la loi ». Que décider si on relève contre le chef d'usine plusieurs contraventions relativement à la même personne ? La loi ne statue pas sur cette hypothèse. La logique, comme aussi les principes qui veulent que le non cumul soit la règle et le cumul l'exception, doivent faire décider que dans ce cas les amendes ne seront pas cumulées.

Il semble bien ressortir cependant des travaux préparatoires que le législateur de 1874 a voulu traiter ces infractions comme des contraventions.

La jurisprudence les cumule (Cass. 8 juin 1883, S. 1885, 1, 282). Il serait préférable que dans tous les cas où ils sont défavorables à l'accusé la jurisprudence ne se contentât pas des travaux préparatoires où il est souvent facile de trouver des arguments contradictoires. Une peine ne peut être aggravée que par un texte formel.

Dans tous les cas le cumul vient non du caractère contraventionnel de l'infraction, mais de la volonté certaine du législateur.

L'arrêt de 1883 (1) est à cet égard mal motivé. Il dit : « Attendu qu'il résulte des travaux préparatoires de la loi du 19 mai 1874 que les infractions à la dite loi ont le caractère de contravention et que *par conséquent la règle de l'art. 365 Inst. Cr. qui prohibe le cumul des peines est inapplicable.* » Ce n'est pas parce que ces infractions correctionnelles ont le caractère contraventionnel que leurs peines ne peuvent pas être cumulées, mais bien parce que telle est la volonté du législateur. La chambre criminelle n'avait pas de meilleure raison à donner (2).

La règle à appliquer aux délits contraventionnels en matière de cumul est donc celle-ci : Les délits contraventionnels étant punis de peines correctionnelles sont aux termes de l'art. 1er du Code pénal, des délits ; à ce titre les peines qui les frappent ne doivent pas être cumulées, à moins que le législateur n'ait expressément décidé le contraire.

1. Cass. 9 juin 1883, S. 1885, 1, 282.

2. Les arts. 144 et 147 du Code forestier ordonnent aussi le cumul de certaines infractions non intentionnelles punies de peines correctionnelles.

CHAPITRE III

DE QUELQUES AUTRES CONSÉQUENCES.

§ 1. — *De la prescription.*

Il y a aussi, au point de vue des délais de prescription, grand intérêt à savoir si les délits contraventionnels sont des délits ou des contraventions. Lorsqu'une loi crée une infraction correctionnelle qui a le caractère d'une contravention, quelle sera la règle à suivre ? Faudra-t-il calculer la prescription sur la nature du délit ou sur la peine qui y est attachée ? Le délai de prescription variera nécessairement suivant la classe dans laquelle on fera entrer les délits contraventionnels. Sont-ce des délits ? Ils se prescriront par trois ans. Sont-ce des contraventions ? C'est la prescription annale qui leur est applicable.

Il y a d'abord une catégorie de contraventions auxquelles le Conseil d'Etat applique une règle spéciale : ce sont les contraventions de grande voirie. Il décide que, quoique punies de peines correctionnelles, elles se prescrivent comme les contraventions de police, c'est-à-dire, suivant l'art. 640 du Code d'instruction criminelle, après une année révolue du jour où la contravention a été commise. Les arrêts du Conseil d'Etat sont nombreux en ce sens (1) (V. notamment 13 août 1852, D. 1853, 3, 11. 8 décembre 1857, D. 1858, 3, 47. 29 décembre 1670, D. 1872, 3, 36. 8 mai 1874, D. 1875, 3, 44. 26 janvier 1883, D. 1884, 3, 72. 17 février 1888, S. 1890, 3, 10 implicit.

Ces arrêts sont très nets. L'un deux dit : « Considérant, en ce qui touche la condamnation du sieur Boucher à une amende de 300 francs, qu'au jour où cette condamnation est intervenue, plus d'une année s'était écoulée depuis la date de la contravention ; que dès lors la peine étant prescrite en vertu de l'art. 640 du Code d'Inst. Cr., il n'y avait lieu de condamner le contrevenant à l'amende. »

Cette jurisprudence du Conseil d'Etat en matière de grande voirie est constante. Elle a été récemment confirmée par un arrêt du 17 février 1888 (2). Longtemps la Cour de cassation a décidé aussi que les contraventions de grande voirie devaient se prescrire par un an. (V. not. Cass. 27 mars 1852, S. 1852, 1, 153. Cass. 2 août 1856, S. 1857, 1, 153. Cass. 28 novembre 1856 et 10 janvier 1857, S. 1857, 1, 386.

Mais récemment la Cour suprême s'est séparée sur ce

1. Dalloz, *Rép. alph.* v° *Voirie par terre*, n° 268.
2. Conseil d'État, 17 février 1888, S. 1890 3, 10.

point du Conseil d'Etat. La chambre criminelle a rendu le 4 juin 1892 sur les conclusions conformes de M. l'avocat général Sarrut un arrêt aux termes duquel les contraventions de grande voirie doivent être, au point de vue de la prescription, traitées comme des délits correctionnels (1). La chambre criminelle avait été précédée dans cette voie par la Cour d'appel de Nancy (2).

La Cour de cassation et le Conseil d'Etat sont donc dès maintenant en désaccord sur la fixation du délai de prescription.

La Cour de cassation a été beaucoup moins hésitante relativement aux autres contraventions correctionnelles. C'est de bonne heure qu'elle a suivi en cette matière la règle absolue de l'art. 1er du Code pénal. Voici un arrêt déjà ancien où la théorie est très nettement formulée. C'est un arrêt de la Cour de Lyon du 27 août 1841 relatif à une infraction à la loi du 21 avril 1810 sur les mines. Il est ainsi conçu :

« Considérant à l'égard de la prescription, que le caractère des crimes et délits ou des contraventions doit être fixé et déterminé suivant la gravité des peines applicables à chaque fait répréhensible ; que ce mode d'interprétation des définitions contenues dans les premiers articles du Code ne peut présenter aucun doute, aucune

1. Affaire Alauze.
2. Nancy, 6 février 1892, S. 1892, 2, 109.

ambiguité ; que Parmentier ayant été condamné à une amende supérieure à celle qu'aurait entraînée une simple contravention, il en résulte qu'il s'est rendu coupable d'un *délit* et non d'une *contravention* et que la prescription a dû être *de trois années au lieu d'une année seulement.* »

Le 15 février 1843 la Cour de cassation rejeta le pourvoi formé contre cet arrêt.

Des décisions récentes confirment cette jurisprudence. Un arrêt de la Cour d'Aix (1) relatif à une infraction au Décret du 25 août 1852 et à la loi du 8 juillet 1852 sur l'affichage des affiches peintes, infraction punie d'une amende de 100 fr. à 500 fr., dit : « Attendu que le fait constituant un délit n'est prescriptible que par trois ans. » Les mêmes motifs et la même solution se retrouvent dans d'autres arrêts (V. not. Paris, 2 décembre 1884, S. 1886, 2, 250. Grenoble, 15 juillet 1886, S. 2, 241 et la note. Paris, 28 décembre 1886, D. 1888, 2, 37 et la note. Toulouse, 7 février 1869. D. 1890, 2, 259.)

C'est en matière de contravention à la loi sur les sociétés que la question de prescription s'est le plus souvent présentée. Des auteurs tirant argument de la jurisprudence du Conseil d'Etat ont soutenu que ces contraventions devaient être prescrites par un an (2). Ils ont dit :

1. Aix, 25 novembre 1887, S. 1889, 2, 233.

2. *Sic* : M. Ledebt, *De la prescription des contraventions à la loi su*

qu'il fallait, pour déterminer le délai applicable, s'attacher à la nature intrinsèque de l'infraction sans tenir aucun compte de la juridiction saisie ni de la peine applicable. C'est l'ancienne théorie que la jurisprudence considère aujourd'hui comme contraire à l'art. 1er du Code pénal. C'est une théorie désormais condamnée. Dans cette matière des sociétés comme dans les autres en effet, la jurisprudence applique très généralement la prescription de trois ans. (V. not. : Seine 27 janvier 1883. Orléans implicit. 8 novembre 1887. S. 1889, 2, 173. D. 1888, 2, 97. *Contrà* : Chambéry 3 septembre 1862.)

La jurisprudence est donc ici et depuis longtemps, d'accord avec les principes. Si le législateur attache en effet une peine correctionnelle au lieu d'une peine de police à une infraction, c'est qu'elle cause à l'ordre public un dommage considérable ; est-il donc illogique de dire que le délai de prescription sera plus long. N'est-il pas au contraire naturel qu'il se calcule sur l'importance du trouble social que l'infraction a causé ?

Après l'étude de cette question générale de la prescription des délits contraventionnels, il y a lieu de rechercher le délai de prescription applicable à la récidive de certaines contraventions de police. La loi punit en effet de peines correctionnelles la récidive dans les 12 mois de

les sociétés. Revue des sociétés, année 1883, p. 189. Pont, n° 1558. Bertauld, *Commentaire du Code pénal*, n° 601.

certaines contraventions. Quelle sera la prescription applicable à la seconde contravention ?

Il n'y a qu'une réponse à faire : la peine étant correctionnelle le délai doit être de trois ans ; c'est la conséquence logique de l'art. 1er ; c'est la solution de la jurisprudence. On la justifie quelquefois en disant que la contravention ainsi répétée n'est plus une contravention de police, qu'elle a perdu son caractère, qu'en en changeant la peine la loi en a modifié la nature (1). Il n'est pas besoin de chercher de telles raisons, dont la valeur est d'ailleurs douteuse, la jurisprudence n'a besoin pour se justifier que d'invoquer l'art. 1er du Code pénal. Dès lors qu'elle est punie de peines correctionnelles, la contravention devient un délit et aux termes de l'art. 638 du Code d'Inst. Cr. les délits se prescrivent par trois ans.

La Cour de cassation le dit dans un arrêt du 15 décembre 1849 (2).

« Attendu qu'un fait passible de plus de 15 francs d'amende ne pouvait donc dans aucun cas être traité comme une simple contravention ; qu'il constituait en réalité un délit à l'égard duquel la durée de la prescription, à dé-

1. *De la prescription des infractions dont le caractère est incomplètement défini dans la loi pénale*, par M. Paul Bernard. *Revue critique*, 1862, t. I p. 321.

2. Affaire Jacquelin.

faut de procès-verbal, se trouvait régie par l'art. 638 du Code d'Inst. Cr. » (1).

§ 2. — *Loi du 26 Mars 1891* (*Loi Bérenger*).

La loi du 26 mars 1891 sur l'atténuation et l'aggravation des peines a donné lieu, au point de vue des délits contraventionnels, à une nouvelle difficulté. Son article 1er est ainsi conçu : « En cas de condamnation à l'*emprisonnement ou à l'amende,* si l'inculpé n'a pas subi de condamnation antérieure à la prison pour *crime et délit de droit commun,* les cours et tribunaux peuvent ordonner par le même jugement et par décision motivée qu'il sera sursis à l'exécution de la peine ».

Dès la promulgation de la loi, on a soutenu que l'expression « crimes et délits de droit commun » ne visait que les crimes et délits intentionnels auxquels l'art. 463 du Code pénal est applicable. Dans cette opinion le législateur aurait voulu laisser de côté la classe spéciale

1. Pour la prescription d'autres infractions dont la qualification est changée par le jury ou qui sont exceptionnellement soumises à une juridiction spéciale à cause de la qualité ou de l'âge de l'inculpé, voir l'article ci-dessus de M. Bernard et aussi M. Couturier : *Comment se détermine le caractère d'une infraction et de la prescription qui lui est applicable.* Revue de Droit français et étranger, 1848, t. 5, p. 241.

d'infractions connues sous le nom de délits contraventionnels, pour lesquelles la question d'intention ne se pose pas et où par conséquent l'atténuation de la peine se comprend moins.

Cette opinion a été récemment repoussée par la Cour de cassation. Le texte de la loi ne permet en effet aucune distinction ; l'art. 1er dit: « en cas de condamnation à l'emprisonnement ou à l'amende ». Il est impossible d'employer une expression plus générale ; d'autre part les délits contraventionnels sont évidemment des délits de droit commun jugés et punis comme eux. La loi s'attache ici, comme le fait aujourd'hui la jurisprudence dans cette matière, non à la nature du délit, mais à la rigueur de la peine, la condamnation elle-même doit dicter la règle à suivre, c'est là le criterium le plus sûr.

Cette question s'est présentée de bonne heure devant la Cour de cassation. Voici dans quelles circonstances. Un sieur Chenette ayant négligé malgré l'art. 37 de la loi du 3 juillet 1877, de faire la déclaration de son cheval, fut condamné de ce chef, aux termes de l'art. 52 de la loi à 25 francs d'amende par le tribunal correctionnel de Saint-Amand (Cher). Le tribunal lui accorda le sursis de la peine aux termes de l'art. 1er de la loi Bérenger. Le Procureur général près la Cour de Bourges soutint que la loi était inapplicable dans l'espèce et fit appel de la décision du tribunal de Saint-Amand. La Cour de Bourges repoussa sa prétention ; l'arrêt en date du 17 décembre 1891 dit que l'art. 1er de la loi ne permet aucune distinction et que le texte autorise le sursis autant pour l'amende que pour l'emprisonnement. Le Procureur général près la Cour de Bourges forma un pourvoi en cassation contre la décision de la Cour ; sur les conclusions de M. l'avocat général Sarrut, la Chambre criminelle rejeta également sa prétention en ces termes :

« Attendu qu'il résulte au contraire des travaux préparatoires que, sans se préoccuper de la nature de l'infraction commise par le délinquant, le législateur s'est uniquement attaché au caractère de la peine prononcée pour déterminer le cas où la mesure de faveur permise par l'art. 1er serait applicable (1) ». Il faut donc s'attacher à la peine (2).

A cette règle la jurisprudence a admis seulement deux exceptions.

Elle décide d'abord qu'il ne pourra être sursis au paiement des amendes de simple police (3). Elle estime que ces amendes n'ayant par le caractère infamant, il n'y a pas lieu de surseoir à leur paiement ; elles ne sont d'ailleurs pas portées sur le casier judiciaire et c'est en partie

1. Cass. 25 mars 1892. D. 1292, 1, 309. *La Loi* 1er avril 1892.
2. Sic : *Commentaire de la loi du 26 mars 1891*, par M. Locard, docteur en droit, par. 21.
3. Cass. 5 mars 1892.

pour éviter les conséquences extérieures de la condamnation et la publicité dangereuse que lui donnait le casier que la loi de 1891 a été faite.

La seconde exception est relative aux amendes fiscales qui seront étudiées dans un chapitre spécial.

§ 3. — *Délits contraventionnels commis à l'étranger.*

La loi du 27 juin 1866 concernant les crimes et délits commis à l'étranger, dit dans son art. 2 que « Tout Français qui s'est rendu coupable de délits et contraventions en matière forestière, rurale, de pêche, de douanes ou de contributions indirectes sur le territoire de l'un des États limitrophes, peut être poursuivi et jugé en France d'après la loi française. « M. Langlois conseiller d'État, disait dans l'exposé des motifs de cette loi (1) que ces infractions ne sont pas par elles mêmes très graves, mais que, « par leur fréquence sur nos frontières elles excitent les passions, fomentent les haines nationales... et entraînent des rivalités, des collisions que les gouvernements sages et prudents doivent faire cesser. »

D'autre part l'art. 5 du Code d'Instruction Criminelle, modifié par la loi de 1866, dit dans son art: 2 « Tout Fran-

1. Exposé des motifs de la loi du 17 juin 1866, Sirey, *Lois annotées*, 1866, p. 39 à 47, n°s XV et XXVI.

çais qui hors du territoire de France s'est rendu coupable d'un fait qualifié *délit* par la loi française, peut être poursuivi et jugé en France. »

De la comparaison de ces deux textes il résulte que toutes les infractions relatives aux matières énumérées dans l'art. 1er de la loi de 1866, quelle que soit la peine dont elles sont frappées, peuvent être poursuivies en France. Quant aux autres infractions, il faudra distinguer : les délits pourront être poursuivis, les contraventions ne le pourront pas.

Une question analogue à celle qui a été traitée dans chacun des derniers chapitres s'est présentée au sujet des délits contraventionnels. Que décider pour ces infractions ? Si ce sont des contraventions, la justice française sera incompétente pour en connaître ; il en sera autrement si on doit les considérer comme des délits.

La Cour de cassation a eu à trancher la question en 1883. Un sieur Devy avait, en 1879, acheté au sieur Daivaut, fermier à Dailly (Belgique), un certain nombre de bœufs qu'il savait atteints d'une maladie épizootique, la peripneumonie contagieuse. Au mépris des règlements et notamment de l'art. 5 de l'arrêt du Conseil du 19 juillet 1746, il avait introduit en France des bœufs atteints de cette maladie. Il était de ce chef passible d'une amende de 100 fr. par tête de bétail. Il soutint qu'il n'avait commis qu'une contravention et que son infraction consistait, non pas dans l'intention de commettre un acte avantageux mais dans le fait matériel d'introduire en France des animaux atteints de maladies contagieuses. Il se prétendait donc à l'abri de l'art. 5 du Code d'Inst. Cr. La Cour de Nancy, par arrêt du 19 juillet 1882 et après elle la Cour suprême par arrêt du 1er avril 1883, repoussèrent sa prétention. L'arrêt de la Cour de cassation est très fortement motivé. Il dit :

« Attendu qu'aux termes de l'art. 1er du Code pénal la qualification de délit appartient à tout fait punissable de peines correctionnelles et qu'il appert des travaux préparatoires de la loi du 27 juin 1866 que le législateur n'a entendu apporter à cette définition aucune restriction en ce qui concerne la compétence des tribunaux correctionnels pour statuer sur les délits commis à l'étranger ; que les infractions imputées au prévenu étant passibles de peines pécuniaires supérieures au taux des amendes de simple police, c'est à bon droit qu'il a été traduit devant la juridiction correctionnelle en France (1). »

Cet arrêt de 1883 marque le point de départ de la jurisprudence nouvelle. Depuis, la Cour de cassation applique rigoureusement l'art. 1er du Code pénal. L'arrêt a une telle importance que M. Villey a dit qu'il était « l'arrêt de mort des délits contraventionnels (2). »

1. Cass., 1er avril 1883, S., 1885, 1, 401.
2. Villey, *France Judiciaire*, t. 10, p. 365,

CHAPITRE IV

DES AMENDES FISCALES

Quand on parle des peines attachées aux délits contraventionnels on a en vue les peines correctionnelles, c'est-à-dire l'emprisonnement et l'amende supérieure à 15 francs.

Il est une catégorie de peines, peines pécuniaires, que la loi semble édicter avec plus de rigueur et qui par leur caractère spécial ont donné lieu à bien des controverses et soulèvent encore bien des difficultés. Ces peines pécuniaires élevées sont les amendes fiscales. On entend par là les amendes édictées contre les fraudeurs en vue d'assurer la perception de l'impôt. Comme les amendes ordinaires ce sont des peines ; elle diffèrent cependant sur plusieurs points des amendes du Code pénal.

Elles sont en général plus élevées car la fraude qu'elles punissent peut procurer un enrichissement considérable. Nos mœurs sont aussi plus indulgentes que nos lois pour ceux qui fraudent le fisc ; il est certain que les amendes fiscales ont un caractère moins infâmant que les autres. Ces amendes échappent en outre à certaines règles de perception ; elles sont perçues par les préposés des grandes administrations financières intéressées alors que les amendes ordinaires le sont par les receveurs des finances. Ce qui les caractérise encore davantage c'est qu'elles peuvent faire l'objet d'une transaction. Le chef de l'Etat ou le législateur ont seuls le droit de réduire, de remettre ou d'effacer les peines par la voie de la grâce ou de l'amnistie ; les amendes fiscales peuvent être réduites et même remises par les administrations qui ont le droit de transiger avec les délinquants.

De ces différences l'administration des Contributions indirectes a voulu tirer une conclusion, favorable il est vrai, aux intérêts du Trésor, mais qui est certainement contraire aux principes du droit. Elle a soutenu et plaidé avec succès que ces amendes fiscales n'avaient pas le caractère d'une peine infligée au fraudeur mais, qu'elles étaient bien plutôt des dommages-intérêts payés par le délinquant pour le dommage que sa faute cause au Trésor. Le paiement de l'amende n'est plus, dans cette doctrine un châtiment, mais un acte de réparation purement pécuniaire ayant exclusivement le caractère civil. Cette opinion est extrêmement favorable au fisc. En autorisant le cumul elle permet au Trésor d'accroître ses exigences et en appliquant la prescription civile elle l'autorise à les faire valoir pendant trente ans.

C'est peut-être dans la sollicitude des tribunaux pour les intérêts du fisc qu'il faut chercher l'explication d'une jurisprudence qui a admis pendant longtemps et admet encore cette théorie. Il est impossible de la justifier autrement et cependant cette jurisprudence, qui ne repose sur aucun fondement de droit, est constante. Les arrêts en ce sens sont nombreux (V. notamment : Cass. 26 mars 1825, Cass. 2 octobre 1834, S. 1834, 1, 704. Cass. 30 novembre 1869, S. 1870, 1, 115. Cass. 11 juillet 1873, S. 1873, 1, 45. Cass. 28 janvier 1876, S. 1876, 1, 89. Cass. 22 décembre 1876, S. 1877, 1, 234.)

Il est dit dans ce dernier arrêt : « les amendes ayant, principalement en matière de contributions indirectes et d'octroi, *le caractère de réparations civiles.* »

La Cour de Douai emploie la même expression « les peines d'amende ayant, en matière de douanes, *le caractère de réparations civiles* (1). » Un arrêt de la Cour de Nancy dit de même : « attendu qu'il est de doctrine et de jurisprudence que les amendes n'ont pas, en matière de douanes, un véritable caractère pénal, *qu'elles ont plutôt celui de réparations civiles* (2). » La même solution se retrouve dans des arrêts plus récents. (V. Paris 25 mars 1889, S. 1889, 2, 143. Cass. 9 novembre 1888, S. 1889, 1, 351.)

1. Douai, 16 janvier 1878, S. 1878, 2, 88.
2. Nancy, 27 février 1878, S. 1878, 2, 242.

Ce dernier arrêt dit « que les amendes en matière de contributions indirectes sont moins des peines, *aux termes de l'art. 9 du Code pénal, que des réparations et indemnités dans le sens de l'art. 10 du même Code.* »

Un arrêt plus récent de la Cour de Paris dit également « que les lois fiscales attribuent aux amendes en matière de douanes et de contributions indirectes *le caractère de réparations et de dommages-intérêts* (1) ».

On le voit, malgré les expressions réservées de certains arrêts cette jurisprudence est constante. Elle est légèrement ébranlée aujourd'hui. Quelques arrêts récents sont moins absolus dans leurs motifs ; ils disent que les amendes sont tantôt des peines, tantôt des dommages-intérêts. La jurisprudence applique donc tantôt la règle du Code pénal tantôt la règle des réparations civiles. Elle leur attribue un caractère pénal en décidant qu'elles peuvent être prononcées contre une femme mariée sans que le mari ait été mis en cause ; en autorisant pour leur recouvrement la contrainte par corps ; en les faisant prescrire comme des peines ; en refusant de les prononcer contre les héritiers du délinquant.

Dans d'autres hypothèses, au contraire, elle les traite comme des réparations civiles en les étendant aux

1. Paris, 7 mai 1890, S. 1890, 2, 171.

termes de l'art. 1384 C. c., aux personnes civilement responsables du fait d'autrui ; en les cumulant entre elles ou avec d'autres peines ; en leur refusant l'application de la loi du 26 mars 1891 ; en ne prononçant qu'une amende quel que soit le nombre des délinquants, enfin en refusant d'accorder aux lois qui les prononcent la rétroactivité permise dans certains cas pour les lois pénales.

Malgré ses hésitations et ses contradictions on peut dire qu'en général la jurisprudence traite les amendes fiscales comme des réparations civiles. C'est là la théorie qui ressort des arrêts ; quand ils leur appliquent des règles empruntées au Code pénal, ils le font comme une exception qu'ils prennent soin de bien motiver.

§. 1. — *L'amende fiscale est une peine.*

Cette théorie est inacceptable ; il suffit pour s'en convaincre d'en analyser les conséquences ; elles sont telles que les tribunaux reculent devant leur application.

Elle est contraire à la fois aux textes et aux principes du droit.

Elle est d'abord contraire aux textes. L'art. 9 du Code pénal dit en effet : les peines en matière correctionnelle sont : 1° l'emprisonnement ; 2° l'interdiction de certains droits civiques, civils et de famille : 3° *l'amende* (1). Le Code du 3 Brumaire an IV disait aussi (art. 601) que l'amende était « une peine correctionnelle ». Or les lois fiscales prononcent toutes le mot d'amende ; elles font mieux, elles emploient souvent pour la qualifier le mot de *peine*. Il est nécessaire de le montrer par quelques exemples.

L'art. 13 de la loi des 23-25 août 1871, relatif à l'enregistrement et au timbre dit : « Toute contravention aux dispositions de l'art. 18 sera *punie d'une amende* de cinquante francs.

L'art. 1er de la loi du 28 février 1872 sur la répression de la fraude sur les vins et spiritueux dit que les contraventions « seront *punies* de la confiscation et de l'*amende* ».

La loi du 2 août 1872, réglant les obligations imposées aux distillateurs et bouilleurs de cru, dit également que les contraventions qu'elle crée « seront frappées des *peines* édictés par la loi du 28 février 1872 ».

Ce sont les mêmes expressions qu'on retrouve dans l'art. 5 de la loi de finances des 29-30 décembre 1873 relatif aux timbres de copie ; chacune des contraventions sera *punie* d'une *amende* de cinquante francs ».

Enfin l'art. 7 de la loi de finances du 17 juillet 1889 relatif aux timbres des récepissés, dit également que « cha-

1. Art. 464 C. p. « Les peines de police sont : l'emprisonnement ; l'*amende* et la confiscation de certains objets saisis. »

que contravention sera *punie* d'une *amende* de cinquante francs ».

D'autres lois emploient des expressions qui ne peuvent non plus laisser aucun doute sur le caractère pénal de l'amende. Peut-on concevoir des complices sans une peine ? La loi du 31 décembre 1873, qui établit une augmentation d'impôt sur les boissons et un droit d'entrée sur les huiles, dit dans son art. 6 que les contraventions seront punies d'une amende et de la confiscation et elle ajoute : « Sont considérés comme *complices* de la fraude et passibles comme tels des peines ci-dessus déterminées tous individus qui auraient concerté, organisé ou sciemment procuré les moyens à l'aide desquels la fraude a été commise. »

Peut-on davantage concevoir la récidive sans une peine antérieure ? La loi du 28 juillet 1875 dit dans l'art. 2 : « Tout individu convaincu de fabrication frauduleuse d'allumettes chimiques est puni d'une *amende* de trois mille francs. En cas de *récidive* le contrevenant sera condamné à un emprisonnement de 6 jours à 6 mois. »

L'art. 7 de la loi du 27 juillet 1889, après avoir dit que l'amende serait de cinquante francs, ajoute : « sans préjudice de la pénalité édictée pour le cas de *récidive*. »

La loi du 30 décembre 1873, établissant des taxes additionnelles aux impôts indirects, dit dans son art. 3 : « Toute infraction aux dispositions.... est punie d'une amende de

1000 à 5000 francs et de la confiscation des sucres. En cas de *récidive* l'amende peut être portée à 10.000 francs. »

Cet article suffirait à réfuter la jurisprudence. Il y a mieux. Il s'agit si bien d'une peine que, depuis quelques années, on admet la possibilité des circonstances atténuantes dans certaines contraventions fiscales. C'est ainsi que l'art. 42 de la loi de finances du 30 mars 1888 dit : « L'art. 463 est applicable aux délits et contraventions prévus par les lois sur les contributions indirectes (1). »

1. La rédaction primitive de la proposition qui est devenue l'art. 42, portait en même temps suppression du droit de transaction accordé à l'administration, faculté de contredire les faits constatés par les procès-verbaux dressés par les agents assermentés et droit pour les tribunaux de ne prononcer qu'une seule peine pour plusieurs contraventions. Conçue dans ces termes généraux, elle parut au Sénat bouleverser complètement le système organisé pour assurer le recouvrement des impôts indirects et fut rejetée dans la séance du 29 mars 1888.

« Lorsque le budget fut de nouveau soumis à la Chambre M. Cunéo d'Ornano et plusieurs de ses collègues restreignant le projet qui avait effrayé le Sénat proposèrent une disposition additionnelle ainsi conçue :

« L'art. 463 du Code pénal est applicable aux délits et contraventions prévus par les lois sur les contributions indirectes ».

« Elle fut votée le 30 mars à la Chambre et acceptée sans observations par le Sénat ; elle est devenue l'art. 42 de la loi de finances de 1888.

« Dans la pensée de ceux qui l'ont proposée et votée, cette disposition si générale semblait devoir s'appliquer aussi bien aux contraventions aux lois et réglements sur les octrois qu'aux contra

Une loi du 26 décembre 1890 (art. 12) restreint ainsi cette disposition de l'art. 42 :

« Dans le cas prévu par l'art. 42 de la loi du 30 mars 1888, il ne pourra être fait application de l'*art. 463* s'il y a *récidive* pendant le délai d'un an à partir du jugement qui a reconnu la contravention ou le délit. »

Il s'agit donc bien d'une peine ; comment serait-il question sans cela de récidive ou de circonstances atténuantes ?

Dire en outre que les amendes fiscales sont des réparations civiles, c'est méconnaître les principes et mettre le législateur en perpétuelle contradiction avec lui-même. Les tribunaux répressifs ne peuvent admettre une demande en dommages-intérêts que si elle est accessoire à une poursuite (art. 3 Code d'Inst. Cr.). Dans ce cas le tribunal distingue avec soin la peine de la réparation civile. Mais ici comment distinguerait-il, puisque l'amende serait à la fois une peine et une réparation pécuniaire ? Elle ne peut pas avoir au même degré ce double caractère ; si c'est une peine, les tribunaux répressifs devront

ventions aux lois sur les contributions indirectes dont les octrois ne sont qu'une partie.

Mais la Cour de cassation en a jugé autrement par arrêt du 22 décembre 1888 (S. 1888, 1, 257). » *Extrait du rapport sommaire fait par M. Bigot sur la proposition de M. Cunéo d'Ornano au nom de la 9e commission d'initiative.* Une proposition analogue faite en 1890 et en 1891 pour les délits et contraventions d'octroi, a été repoussée.

l'appliquer comme un châtiment, sans préjudice d'une réparation possible pour la victime de l'infraction ; si c'était, comme on le dit, une réparation civile, la connaissance en appartiendrait exclusivement aux tribunaux civils. Ce sont au contraire toujours les tribunaux repressifs qui sont chargés par la loi de son application.

De même si les amendes n'étaient qu'une réparation civile la partie lésée seule, c'est-à-dire l'administration intéressée, pourrait la demander aux tribunaux. Le ministère public n'aurait aucun rôle dans la poursuite.

La jurisprudence décide, il est vrai, qu'en matière de contributions indirectes le ministère public ne peut poursuivre les contraventions que dans le cas où la loi prononce la peine de l'emprisonnement (1). Mais le ministère public a cependant, en dehors de ces cas, un rôle qu'il n'a pas dans les affaires civiles (2); c'est ainsi que la poursuite exercée par lui est régularisée si la régie est intervenue dans l'instance (3).

L'action publique est exercée par l'administration concurremment avec le ministère public pour les délits et contraventions commis dans les bois soumis au régime forestier. Or la jurisprudence tend à assimiler les amen-

1. Cass. 10 juin 1882, D. 1882, 1, 481.

2. Pour le rôle du ministère public en matière de contraventions fiscales, V. Dalloz, *Nouv. table alphab.* 1877-1887, V. *Contrib. ind.* nº 171.

3. Dijon, 31 janvier 1877, D. 1877, 2, 102.

des forestières aux amendes prononcées en matière de contributions indirectes.

Si l'amende était une réparation civile, c'est enfin à la partie lésée qu'il appartiendrait d'en fixer le montant et non à la loi ; dès lors la quotité des amendes ne varierait plus entre un minimum et un maximum, elle changerait au gré du tribunal dans la limite du dommage causé. Elle serait insignifiante ou nulle dans la plupart des cas, car le fraudeur est le plus souvent pris en flagrant délit et la loi punit alors plutôt la tentative de dommage que le dommage lui-même.

La jurisprudence, il est vrai, tire argument de ce que certaines administrations financières ont l'exercice de l'action publique. C'est donc dit-elle que ces amendes ne sont pas les amendes ordinaires du Code pénal que le ministère public seul peut poursuivre. Cette dérogation aux règles de notre droit pénal ne peut avoir pour effet de changer la nature des amendes fiscales. Comme elles sont élevées la loi a tenu à en assurer le recouvrement et elle en a facilité la poursuite. C'est là la seule raison de ce droit spécial des administrations financières.

§ 2. — *Conséquences de la doctrine contraire.*

Cette jurisprudence qui méconnaissait les principes devait forcément conduire à des conséquences inacceptables ;

en traitant les amen des commedes dommages-intérêts elle en aggravait la portée et étendait en même temps que leur responsabilité le nombre des personnes responsables.

Il est de règle en droit pénal que lorsqu'une loi nouvelle abaisse la peine d'un délit commis antérieurement, c'est la loi nouvelle plus clémente qui doit lui être appliquée et non la loi de l'époque où il a été commis. On formule cette règle en disant que les lois pénales rétroagissent *in mitius*. Cette règle est consacrée par la jurisprudence. V. not. Cass. 24 septembre 1888, D. 1869, 1, 312 et la note. Cass. 2 août 1873, D. 1873, 1, 385. Bourges, 24 novembre 1881, S. 1882, 2, 84 et 94. Rennes, 10 juin 1885, S. 1886, 2, 11. Cassat. 19 et 20 juin 1885, S. 1886, 1, 45 et la note (1).

Il importe donc beaucoup de savoir si l'amende fiscale est une peine ou une réparation civile.

La jurisprudence est ici logique avec elle-même ; elle décide que puisqu'il ne s'agit pas d'une peine le principe de la non rétroactivité des lois doit s'appliquer dans toute son étendue. V. not. trois arrêts Cass. 9 novembre 1888, S. 1889, 1, 351. Toulouse, 20 février 1889, S. 1889, 2, 160. Paris, 25 mars 1889, S. 1889, 2, 143 et la note. V. *contrà* ; trib. de Bernay, 31 mai 1888, S. 1888, 2, 142.

Cette solution est extrêmement dure; elle est certaine-

1. Pour l'application de la règle et ses conséquences. Voir Garraud, *Droit pénal*, t. I, nos 124-128 et les notes 3 à 16.

ment contraire à l'équité et aux principes d'une législation pénale moderne qui doit être généreuse; mais dans la théorie de la jurisprudence elle est logique, c'est la conséquence rigoureuse d'une théorie dont le point de départ est inexact.

Son défaut va apparaître encore plus clairement dans un autre ordre d'idées. Aux termes de l'art. 2 du Code d'Instruction Criminelle « l'action civile pour la réparation du dommage peut être exercée contre le prévenu et *contre ses représentants.* » Au contraire « l'action publique pour l'application de la peine s'éteint par la mort du prévenu ».

La jurisprudence décide que les amendes fiscales sont des réparations civiles, elle devra donc décider que l'action pourra être intentée contre les représentants du prévenu, c'est-à-dire ses héritiers. C'est là une conséquence qui découle logiquement comme la première de sa théorie. Elle n'a cependant pas osé aller jusque là. Au point de vue de la rétroactivité elle a traité les amendes fiscales comme des réparations civiles; au point de vue de la poursuite contre les héritiers, elle les traite comme des peines qui ne peuvent frapper que les délinquants.

C'est ce que dit un arrêt de cassation du 9 décembre 1813.

« Attendu qu'en matière de contravention aux lois fiscales comme dans toutes les autres matières *les amendes ont un caractère pénal*; qu'elles *sont donc personnelles ; que l'action s'en éteint donc par le décès du contrevenant*, lorsqu'il a lieu avant que la condamnation en ait été prononcée » (1).

La jurisprudence est donc illogique. Pour se justifier elle est obligée de soutenir que les amendes fiscales sont des peines *sui generis* analogues « aux amendes de l'ancien droit, *peine pour le coupable, réparation civile pour l'Etat*, qui faisait l'avance des frais de poursuites » (2).

Il suffira d'analyser davantage sur certains points spéciaux cette jurisprudence, pour voir clairement qu'elle n'est pas définitive et qu'elle devra en matière d'amendes fiscales, accomplir l'évolution qu'elle a presque achevée aujourd'hui dans la matière des délits contraventionnels punis de l'emprisonnement ou de l'amende correctionnelle ordinaire.

§ 3. — *Conséquences de la règle: L'amende fiscale est une peine.*

A. *Cumul.*

L'amende supérieure à quinze francs est une peine cor-

1. V. Merlin, *Répertoire*, mot Tabac, n° 9 pages 5 à 11. V. aussi Cass. 28 Messidor an VIII.

2. Conclusions de M. l'avocat général Baudoin. D. 1892, 1, 111 2e col.

rectionnelle. Aux termes de l'art. 365 du Code d'Instruction Criminelle, elle ne doit pas se cumuler avec d'autres peines. Les amendes fiscales ne peuvent être séparées des autres ; la distinction n'est pas dans la loi et il n'appartient ni au théoricien ni au juge de la faire.

Que les amendes fiscales aient un aspect différent des autres, qu'elles soient souvent plus élevées, qu'elles engagent moins la moralité du délinquant, c'est possible. Les différences fussent-elles plus sensibles, il n'y aurait pas là un motif suffisant de déroger à l'art. 1er du Code pénal et à l'art. 365 du Code d'Instruction Criminelle.

On ne peut faire d'exception à cette règle que si la loi l'ordonne ou la permet expressement.

C'est ce que fait notamment la loi des 23-25 août 1871 qui crée des impôts nouveaux en matière d'enregistrement et de timbre. Dans son art. 18 elle soumet divers actes, chèques, quittances et « généralement tous les titres qui emporteraient libération, reçu on décharge » à un droit de timbre de 0 fr. 10. L'art. 23 qui établit pour les contraventions à cette loi une amende de cinquante francs, ajoute « l'amende sera due pour chaque acte écrit, quittance, reçu ou décharge pour lequel le droit de timbre n'aurait pas été acquitté. »

Cette exception est parfaitement justifiée, mais quelle que soit sa légitimité, il était nécessaire que le législateur la fît expressément. Dans le silence de la loi, il faut appliquer le principe du non cumul écrit dans l'art. 365 du Code d'Instruction Criminelle. Les amendes fiscales qui sont des amendes correctionnelles ne doivent pas être cumulées.

Ce n'est là ni l'opinion de la majorité des auteurs ni l'avis de la jurisprudence, mais la jurisprudence et les auteurs ont si souvent depuis cinquante ans changé d'avis, qu'ils pourraient bien être d'accord dans un avenir prochain pour interpréter d'une autre façon la volonté très certaine du législateur de 1810.

Parlant de la prohibition du cumul Blanche (1) dit. « Il n'y a d'exception à ces règles que dans le cas où la loi l'ordonne expressément et dans celui où l'amende objet du cumul doit être considérée plutôt comme une *réparation civile* que comme une peine (2). » Il cite alors le cas d'un entrepreneur de voitures publiques qui, contrairement à la loi du 15 ventôse au XII, n'employait pas les chevaux de poste. Il fut condamné à l'amende autant de fois qu'il avait refusé de payer l'indemnité aux maîtres de postes. Il invoqua l'art. 365, la Cour suprême rejeta son pourvoi le 11 octobre 1827.

Blanche cite un autre arrêt dans ce sens et il ajoute, bien imprudemment semble-t-il (3) : « Les différents princi-

1. Blanche, *op. cit.* t. I, p. 387, nos 310-311.
2. *Contrà* Ortolan, *op. cit.* no 1582.
3. Blanche, *loc. cit.* no 312.

pes que je viens d'examiner sont désormais incontestables; il y aurait plus que de la témérité à les remettres en discussion. »

La jurisprudence a cependant hésité quelque peu ; elle a fait des distinctions. Certains arrêts, appliquant dans ses termes généraux l'art. 365, interdisent le cumul autant pour les peines d'emprisonnement que pour les amendes. C'est dans ce sens que se prononçent deux arrêts de Cassation, l'un du 3 octobre 1835, S., 1835, 1, 678 ; l'autre du 28 février 1857, S., 1857, 1, 387. Ce dernier arrêt s'appuie sur le principe général posé par l'art. 365. Il fait cependant des réserves pour le cas où l'amende aurait « le caractère de réparation civile. »

Aujourd'hui la jurisprudence n'hésite plus ; elle refuse d'une façon constante le bénéfice de l'art. 365 aux amendes fiscales. Les arrêts sont nombreux (V. not : Douai, 16 janvier 1876, S. 1878, 2, 88 et la note. Cass. 28 janvier 1876, S. 1876, 1, 89 et renvois ; Cass. 22 décembre 1876, S. 1877, 1, 234 et renvois ; Nancy, 27 février 1878, S. 1878, 2, 242. Cass. 21 novembre 1878, D. 1879, 1, 386 et renvois).

L'arrêt de Douai dit : attendu que le principe du non cumul « en matière de douanes doit s'appliquer seulement aux peines d'emprisonnement, les peines d'amende ayant le caractère de *réparations civiles.* »

Il semble que la Cour de Nancy ait eu des doutes sur

le bien-fondé de ces décisions car elle ne motive pas la sienne, elle se borne à dire « les dispositions de l'art. 365 du Code d'Instruction Criminelle ne s'appliquant en matière de douanes, *d'après une jurisprudence constante,* qu'aux peines corporelles et non pas aux amendes. »

Ainsi la jurisprudence paraît bien fixée ; il est à désirer cependant qu'elle change ou qu'un texte de loi vienne trancher la question dans un sens moins rigoureux (1).

B. *Prescription.*

Au point de vue des délais de prescription il y a aussi un grand intérêt à savoir si l'amende est une peine ou une réparation civile ; s'il s'agit de peines, il y a lieu d'appliquer la prescription de cinq ans (art. 636 C. d'Inst. Cr.). S'il s'agit de dommages-intérêts la seule prescription applicable est celle de trente ans (art. 2262, C. C.).

Ici la jurisprudence applique la règle du Code d'Instruction Criminelle, elle décide que le recouvrement de l'amende prononcée se poursuivra pendant cinq ans. V. Cass. 25 novembre 1818. Cass. 11 juin 1829, D. *Jur. Gén.*

1. Par suite de cumul, un sieur Roy et autres ont été condamnés par arrêt de la Cour de Poitiers du 14 mars 1890 à un mois d'emprisonnement et *deux cent cinquante-deux mille sept cent trente-deux francs* d'amende ! Nous sommes loin, on le voit, des amendes correctionnelles ordinaires.

V° impôts indirects. Cass. 21 août 1863, S. 1863, 1, 552. Cass. 5 juin 1880, S. 1880, 1, 483 ; D. 1881, 1, 494. Cass. 10 décembre 1890, S. 1891, 1, 118 ; D. 1891, 1, 102.

Le dernier arrêt dit : « Attendu que ces condamnations pécuniaires sont certainement des amendes et sont prononcées par les tribunaux de police correctionnelle ; qu'elles tombent dès lors et nécessairement sous le coup de l'art. 9 du Code pénal et de l'art. 636 du Code d'instruction Criminelle. »

Ainsi les amendes fiscales sont des peines correctionnelles et doivent être traitées comme telles ; c'est la solution exacte. Il faut cependant constater que lorsqu'il s'agit de leur appliquer les règles du cumul la Cour de cassation adopte la solution contraire. Après avoir montré ces contradictions il n'est pas excessif de désirer une jurisprudence plus logique.

c. *Loi du 26 Mars 1891* (*Loi Bérenger*).

L'art. 1er de la loi du 26 mars 1891 permet également le sursis au paiement de l'amende correctionnelle et à l'exécution de la peine d'emprisonnement. Les tribunaux appliquent sans difficulté la loi aux amendes ordinaires des délits contraventionnels ; la controverse est encore très vive en ce qui concerne les amendes fiscales.

L'art. 1er est cependant conçu dans des termes trop

généraux pour qu'il soit possible d'y soustraire les amendes fiscales. L'art. 2 de la loi a bien soin de distinguer la peine de l'amende à laquelle s'applique le sursis et « le paiement des frais et des dommages-intérêts » pour lequel le sursis n'est pas autorisé.

La jurisprudence n'admet pas ou admet rarement cette distinction que la loi cependant a bien soin de faire. Les amendes fiscales sont pour elle en général des réparations civiles. Elle les traite comme des dommages-intérêts et en vertu du second paragraphe de l'art. 2 de la loi elle refuse de leur accorder le sursis permis pour les amendes qui frappent ordinairement les délits contraventionnels. C'est dans ce sens que se prononçent notamment : Nancy, 7 novembre 1891. Cassat. 19 novembre 1891, D. 1892, 1, 109, (1). Bordeaux, 14 août 1891, D. 1892, 2, 61, *Contrà*, Rennes, 3 juin 1891, D. 1891, 2, 297.

Cette jurisprudence est motivée toujours par la nature spéciale de ces amendes. Elle dit que les administrations et les délinquants peuvent transiger même après que le jugement est devenu définitif et que dans ces conditions il est impossible d'assimiler l'amende fiscale à une peine ordinaire qui ne peut être réduite ou effacée que par la grâce, la réhabilitation ou l'amnistie. La poursuite

1. Voir D. 1892, 1, 109 les conclusions conformes de M. l'avocat général Baudoin.

de ces amendes est en outre régie par des règles spéciales ; c'est ainsi que les contraventions de simple police en matière forestière sont portées devant les tribunaux correctionnels (art. 179 Code d'Instruction Criminelle).

La Cour de Bordeaux dit que les travaux préparatoires de la loi du 26 mars 1891 démontrent que cette loi a été le complément de trois lois antérieures destinées à enrayer les progrès de la récidive. Ce sont 1° la loi du 5 juin 1875 sur l'emprisonnement cellulaire, 2° la loi du 27 mai 1885 sur la relégation des récidivistes d'habitude, 3° la loi du 4 août 1885 sur la libération conditionnelle; or ces lois, dit-on, n'avaient jamais en vue les infractions aux lois fiscales et l'on ajoute, comment concilier le sursis à l'amende avec le droit de transaction que les lois reconnaissent à l'administration ?

C'est là le raisonnement de la jurisprudence ; elle se prononce dans ce sens même en matière de délits forestiers qui se rapprochent cependant plus des délits ordinaires. Un arrêt récent de la Cour de Riom les assimile aux infractions aux lois sur les contributions indirectes.

Un sieur Valadier avait été condamné par un jugement du tribunal de Murat en date du 26 mars 1892 pour délit forestier à vingt francs d'amende, dix francs de restitutions et vingt francs de dommages-intérêts. Le tribunal décida, aux termes de l'art. 1er de la loi Bérenger qu'il serait sursis au paiement de l'amende. L'administration des forêts fit appel ; sur les conclusions conformes du parquet la Cour de Riom rendit l'arrêt suivant :

« Attendu qu'il est de jurisprudence constante que les peines en matière forestière telles que les amendes, les restitutions, les dommages-intérêts sont moins des peines que des réparations civiles attribuées au trésor ; que d'après l'art. 2 de la loi du 26 mars 1891 la suspension de la condamnation à l'emprisonnement ou à l'amende prévue par l'art. 1er de la même loi ne peut avoir lieu ni pour les frais ni pour les dommages-intérêts. »

C'est la confirmation de la théorie que les amendes fiscales ne sont pas des peines ; elle n'est justifiée par aucun texte.

Il y a dans l'arrêt un autre motif qui ne peut être non plus adopté car il ne tendrait à rien moins qu'à refuser à tous les délits contraventionnels l'application de la loi Bérenger :

« Attendu, dit-il, que si les premiers mots de l'art. 1er de la loi de 1891 ainsi conçu « en cas de condamnation à l'emprisonnement ou à l'amende » semblent, par leur généralité, comprendre les condamnations en toute matière, il n'en résulte pas moins d'un examen attentif soit des travaux préparatoires, soit... que le législateur n'a voulu parler que des délits de droit commun et que la loi précitée ne peut s'appliquer ni aux contraventions ni aux délits prévus par une loi spéciale. »

Cette interprétation étroite de la loi Bérenger est repoussée par la jurisprudence qui ne distingue pas à ce sujet entre le Code et les lois spéciales. Les délits prévus par les lois spéciales sont également des délits de droit commun. D'ailleurs cette expression « délits de droit commun » n'est écrite que dans le par. 1er dont les termes généraux ne permettent pas la moindre distinction.

Il n'y a donc pas de différence à faire à ce sujet entre les délits du Code et ceux des lois spéciales.

On ne doit pas en faire davantage entre les amendes ordinaires et celles qui ont un caractère fiscal ; il faut espérer que la jurisprudence finira bientôt par le reconnaître.

Un seul auteur a jusqu'à présent examiné cette question. C'est M. Laborde (1) ; il se prononce contre la jurisprudence pour l'application du sursis aux amendes fiscales. Il résume ainsi sa doctrine « à mon avis ces amendes ont un caractère *pénal prépondérant*. Elles produisent en conséquence tous les effets des amendes *purement pénales* qu'un texte exprès ne leur refuse point. Or ce texte n'existe point dans la loi nouvelle. Je leur appliquerai donc le sursis. ». C'est là une doctrine qui a le double mé-

1. M. Laborde. Questions pratiques sur la loi du 26 mars 1891 relative à l'atténuation et à l'aggravation des peines. *Lois nouvelles*, 1891, 1re partie, page 401.

rite d'être conforme aux principes et d'être d'une application facile et sûre.

La jurisprudence au contraire a deux défauts; elle est souvent contradictoire, elle est trop rigoureuse.

Il en sera ainsi tant que les tribunaux ne reviendront pas à une interprétation plus large de l'art. 1er du Code pénal. L'arrêt de 1890 cité plus haut (1) consacre en effet une théorie inadmissible. Il affirme pour les tribunaux le droit « de considérer les amendes tantôt comme des peines, tantôt comme des réparations civiles *suivant le point de vue auquel on se place pour apprécier leur caractère*.

Cette formule élastique autorise tous les arbitraires. Sans doute la jurisprudence applique aujourd'hui aux amendes fiscales la prescription correctionnelle, mais qui peut assurer que demain dans un intérêt fiscal ou peut-être purement politique le point de vue ne changera pas tout d'un coup au plus grand dommage de la justice et des justiciables? C'est le rôle de la science pénale de prévoir et de rendre impossibles ces retours subits de la jurisprudence.

Il faut que la Cour de cassation renonce à cette formule et à ce système. Il faut qu'elle abandonne cette théorie étrange qui applique aux amendes fiscales à la fois cer-

1. Cass. 10 décembre 1890, 1, S. 1891, 4118.

taines règles des délits et certaines règles des réparations civiles. Elle a créé une quatrième classe de délits : les délits contraventionnels ; elle crée maintenant une quatrième espèce de peine : l'amende civile.

Le Code pénal ne connaît que trois sortes de délits et trois espèces de peines. Il n'appartient pas au juge de modifier l'œuvre du législateur.

CONCLUSION

La première conclusion à tirer de cette étude c'est que les délits contraventionnels auront bientôt cessé d'exister. M. Villey disait que l'arrêt de 1883 était leur arrêt de mort ; l'arrêt sera bientôt exécuté. Cette création artificielle de délits nouveaux reposait sur une erreur d'interprétation de l'art. 1er; on est enfin revenu à l'interprétation rationnelle. La théorie des délits contraventionnels doit tomber avec l'erreur qui lui a donné naissance.

Ces infractions sont punies de peines correctionnelles ; ce sont donc aux termes de l'art. 1er du Code pénal, des délits correctionnels. Voilà la première règle à suivre, il faudra en déduire toutes les conséquences.

Les art. 59 et 60 punissent les complices des délits, les art. 59 et 60 devront leur être appliqués.

L'art. 365 interdit le cumul des peines qui frappent les crimes et les délits. Les peines des délits correctionnels ne devront pas être cumulées ; une seule exception sera faite dans le cas où la loi ordonne expressément le contraire, comme la loi du 15 juillet 1875 sur la police des chemins de fer et celle du 19 mars 1874 sur le travail des enfants mineurs dans les manufactures.

Il y a d'autres conséquences. Puisque les délits contraventionnels sont des délits correctionnels, ils se prescriront par trois ans.

Aux termes de l'art. 1er de la loi du 26 mars 1891, il pourra être sursis à l'exécution de leur peine.

Conformément à l'art. 5 du Code d'instruction criminelle ils pourront, lorsqu'ils auront été commis à l'étranger, être poursuivis et jugés en France d'après la loi française.

Ce sont là les conséquences logiques de l'art. 1er. Il faut les admettre toutes ou les repousser toutes. La jurisprudence et les auteurs ont malheureusement fait un choix et l'on a vu pendant longtemps les tribunaux accorder aux délits contraventionnels le bénéfice du non cumul pendant qu'ils refusaient de leur appliquer les règles de la complicité.

Ces différences de traitement ne se justifiaient pas; aussi les arrêts sont-ils divers. Il est impossible d'en dégager une théorie; chaque cas a été résolu au gré du juge qui ne se sentait plus lié par la loi.

Cependant ces arrêts ont souvent formulé une règle qui a été adoptée par la doctrine et qui a paru justifier suffisamment, aux yeux des juges, certaines différences entre les délits contraventionnels.

On a dit que les infractions ne devaient pas être classées d'après la peine, mais d'après le degré d'intention de l'agent. On a formulé la règle : « c'est l'intention qui fait le délit », c'est-à-dire que les infractions où il y aura lieu de se préoccuper de l'intention de l'agent sont des délits alors que toutes les infractions matérielles devront être traitées comme des contraventions. C'est là une règle qui n'est écrite nulle part dans la loi et qui la contredit. Elle n'est pas dans la loi puisque le seul article du Code pénal qui classe les infractions le fait d'après la peine, elle la contredit parce qu'il y a dans le Code pénal même des crimes et des délits pour la perfection desquels l'intention frauduleuse, l'intention de nuire comme on dit aussi, n'est pas nécessaire, alors qu'il y a au contraire des contraventions de police qui ne sont punissables que si elles ont été commises avec l'intention de causer un dommage ou un préjudice à autru ou à sa propriété.

A cette théorie il est temps d'en substituer une autre. La règle qui doit la dominer est celle-ci ; il n'y a pas d'infraction punissable sans faute. Cela signifie d'abord que la contrainte est justificative de toute infraction, que l'agent n'est punissable que si sa volonté a été libre, c'est à dire s'il lui a été possible de faire l'acte commandé qu'il n'a pas fait ou de s'abstenir de l'acte défendu qu'il a quand même commis. Cela signifie encore qu'il n'y a pas d'in fraction matérielle, qu'une infraction même légère n'est pas parfaite par cela seul qu'on a constaté son existence, qu'il faut au moins qu'elle soit le résultat d'une négligence, d'une légèreté, d'un oubli, d'une ignorance.

Pour d'autres infractions la loi se montrera plus sévère, elle exigera souvent plus qu'une négligence, n'ordonnera le châtiment que si le délinquant a commis l'infraction sciemment, connaissant toutes les conséquences de son acte, avec la volonté de tirer profit de ses résultats.

La loi seule a le droit de dire dans quel cas elle exige la faute intentionnelle, dans quel cas la faute de négligence suffit. Si le législateur ne le dit pas clairement, c'est le rôle de l'interprète de le rechercher.

Voilà la seconde règle. Le degré de faute nécessaire n'est pas corrélatif de la peine. Il doit être recherché pour chaque cas, il est impossible de tracer pour le fixer une règle générale. Chaque infraction a sa nature propre que lui donne le législateur qui l'a créée.

La théorie peut donc se résumer ainsi : toute infraction pénale doit être examinée à deux points de vue : au point de vue de sa constitution et au point de vue de ses conséquences légales. La loi spéciale seule peut fixer le juge sur le premier point, l'art. 1er du Code pénal contient la seule règle à suivre pour les conséquences légales que l'infraction doit entraîner.

FIN

POSITIONS.

I. — POSITIONS PRISES DANS LA THÈSE.

A. *Droit romain.*

I. — Le *furtum* est possible entre époux.

II. — L'époux voleur ne peut être poursuivi par son conjoint par l'*actio furti*. Cette action est possible contre ses complices.

III. — L'exercice de l'*actio furti* est possible entre personnes vivant en concubinat.

IV. — L'*actio rerum amotarum* peut être indistinctement exercée par les deux époux.

B. *Droit pénal français.*

I. — La classification de l'art. 1er du Code pénal doit être étendue aux délits créés par des lois postérieures.

II. — Il n'y a pas d'infractions matérielles.

III. — Les délits contraventionnels étant punis de peines correctionnelles doivent être assimilés aux délits correctionnels.

IV. — Les amendes fiscales ne sont pas des dommages-intérêts. Ce sont des peines; elles doivent être à tous les points de vue traitées comme telles.

II. — POSITIONS PRISES EN DEHORS DE LA THÈSE.

Droit romain.

I. — Le *matrimonium non justum* ne doit pas être confondu avec le concubinat.

II. — La théorie des risques en matière de vente est régie par la maxime *Res perit creditori.*

III. — La compensation légale n'a jamais été admise à Rome.

IV. — Sous la procédure formulaire, l'exception n'avait pas d'effet minutoire.

Droit civil.

I. — Le défaut de publication en France du mariage contracté par un Français à l'étranger n'est pas une cause nécessaire de nullité.

II. — Un étranger ne peut peut pas être en France tuteur de son descendant français.

III. — L'emphythéose confère au preneur un droit réel immobilier.

IV. — Le privilège accordé par les art. 2101 C.c. et 549 C. com. ne doit pas être étendu aux artistes dramatiques.

Droit pénal.

I. — Le recel d'objets volés ne devrait pas être traité par la loi comme un acte de complicité mais comme un délit distinct du vol.

Instruction Criminelle.

I. — L'accusé devrait pouvoir être, à l'instruction, assisté d'un avocat.

Droit constitutionnel.

I. — L'attribution par une loi des pouvoirs judiciaires à une commission d'enquête parlementaire n'est pas une atteinte portée au principe de la séparation des pouvoirs.

Science financière.

I.—Il y a lieu de modifier nos lois d'enregistrement dans le sens d'une plus grande proportionnalité de l'impôt.

Vu par le Doyen,
COLMET DE SANTERRE.

Vu par le Président,
J. LÉVEILLÉ.

Vu et permis d'imprimer,
Le Vice-recteur de l'Académie de Paris,
GRÉARD.

TABLE DES MATIÈRES

DROIT ROMAIN

DU VOL ENTRE ÉPOUX.

DROIT FRANÇAIS

DES DÉLITS CONTRAVENTIONNELS

Première partie

HISTOIRE DES DÉLITS CONTRAVENTIONNELS.

Deuxième partie

CONSÉQUENCES DE L'APPLICATION DE L'ART. 1er AUX DÉLITS CONTRAVENTIONNELS.

Paris. — Imprimerie de la Faculté de Médecine, H. JOUVE, 15, rue Racine.

www.ingramcontent.com/pod-product-compliance
Ingram Content Group UK Ltd.
Pitfield, Milton Keynes, MK11 3LW, UK
UKHW020136220726
13923UKWH00001B/187